T0274348

LA SOCIEDAD
DE LAS PRISAS

María Novo

LA SOCIEDAD
DE LAS PRISAS

EDICIONES OBELISCO

Si este libro le ha interesado y desea que le mantengamos informado
de nuestras publicaciones, escríbanos indicándonos qué temas son de su interés
y gustosamente le complaceremos.

Puede consultar nuestro catálogo en www.edicionesobelisco.com

Colección Espiritualidad y Vida interior
LA SOCIEDAD DE LAS PRISAS
María Novo

1.ª edición: abril de 2023

Corrección: *Sara Moreno*
Diseño de cubierta basado en el cuadro «La flecha del tiempo». María Novo. 1992.

Edita: Ediciones Obelisco, S. L.
Collita, 23-25. Pol. Ind. Molí de la Bastida
08191 Rubí - Barcelona - España
Tel. 93 309 85 25
E-mail: info@edicionesobelisco.com

ISBN: 978-84-9111-991-3
DL B 5007-2023

Impreso en los talleres gráficos de Romanyà/Valls S. A.
Verdaguer, 1 - 08786 Capellades - Barcelona

Printed in Spain

Introducción

HACIA UNA NUEVA CULTURA DEL TIEMPO

El tiempo es la medida del cambio, afirman los científicos. El tiempo es oro, decían nuestros abuelos. Tiempo es libertad, decimos los transeúntes del siglo XXI... Todas estas cosas y muchas más confluyen en ese don intangible y a la vez tan presente en nuestras vidas.

Los filósofos modernos afirman que el tiempo es una medida de la felicidad. Así, sin paliativos. Para Platón, era la imagen móvil de lo eterno. Mientras los artistas completan la frase: es la vasija que permite la creación. Y algunos escépticos se limitan a decir: pasa y no vuelve.

Todos tienen razón y, pese a ello, no logran dar una definición total y absoluta de ese misterio que esconde la vida, la sucesión de un universo de horas inalcanzable en sus vaivenes, en su semejanza a un viento que empuja a veces, otras acaricia y siempre mueve el mundo sin pedir permiso.

Cada amanecer, cada crepúsculo, señala los ritmos de la naturaleza y nos ayuda a medir los minutos, los días; una forma inocente de pretender abarcar lo inabarcable, de ponerle nombre a lo efímero, de descubrir que ese laberinto indescifrable guarda el secreto de la Vida y de nuestra propia vida.

La sencillez del tiempo es una mampara que oculta su complejidad. Es imposible vencerlo, guardarlo, almacenarlo... Los ecologistas dicen que es un recurso no renovable. Los poetas aman las horas demoradas y describen sin prisa el amor. Algunos adoran el silencio y agradecen el mutismo del tiempo. Otros, en cambio, persiguen la luz y aguardan impacientes la llegada de los amaneceres. Los místicos se asoman al lado íntimo de las horas y nos recuerdan que el alma no lleva reloj. En cualquier caso, el eco de ese flujo permanente está insertado en cada una de las células de nuestro cuerpo, contribuye a construir el trazo de nuestras vidas, envuelve los hechos con la medida exacta del placer y el dolor. Nos modela como un escultor maneja la materia prima.

Pero existe un algo interior, una vocación de libertad, que nos permite a los humanos manejar a nuestra vez el tiempo. Es la fuerza de la vida que transportamos, la búsqueda del equilibrio que requieren mente y cuerpo, la vocación de crear y vencer al caos, la capacidad de nombrar lo que ocurre, también de ponerle nombre a las épocas, intervalos, vaivenes que construyen nuestra historia.

Y así, forcejeando con lo que se impone y los sueños, abrazamos el instante, dialogamos con los relojes, y sometemos la fragilidad de nuestras vidas al proyecto de hacerlas mejores, de dejar una huella feliz a nuestro paso por el mundo, de superar el vértigo de una muerte inevitable haciendo de cada existencia una obra de arte.

Escribimos la vida en el tiempo y nos arriesgamos a hipotecarlo cuando llega la llamada de las prisas: el trabajo, el dinero, el éxito... nos impulsan a correr. En ese difícil equilibrio vamos tejiendo, paso a paso, la urdimbre de unas existencias retadas a autoorganizarse. Tenemos necesidad de acercarnos a los otros, de escuchar, compartir... Y también de disponer de recursos materiales, de ir creciendo profesional y humanamente. Aparece entonces la aceleración por hacer, por querer estar en todo, verlo todo, experimentarlo todo... Y olvidamos que la mayor experiencia es el encuentro en paz con uno mismo y con las personas queridas.

En esa carrera, *estamos perdiendo el alma, que se mueve despacio.* Nuestra biografía acaba sepultada por los lemas de la sociedad: producir, comprar, vender... El asombro que sentíamos de niños da paso al ansia de poseer, de controlar, y nuestra atención se desplaza hacia el territorio de la conquista, llega a ir más allá de los límites. Así, poco a poco, las estaciones de lo humano se van independizando de las de la naturaleza. Ya no nos sometemos a las reglas de la primavera o del otoño, deseosos de ser dueños de todas las reglas, de dominar las pautas que están custodiadas desde el origen.

Individual y socialmente, *necesitamos una nueva cultura del tiempo.* Comenzar introduciendo pequeños cambios en la vida diaria es, sin duda, una buena forma de contribuir a la transformación cultural, social y ecológica que requieren nuestras sociedades. Cada cambio, cada ocasión en la que acoplamos nuestro ritmo al de la naturaleza (y a nuestra propia naturaleza), es una brecha por la que entra una luz nueva al sistema.

Sobre esta sociedad de las prisas he querido hablar en las páginas que siguen. No sólo para mostrar lo que supone mantenerla en términos de insostenibilidad social y ecológica, sino también aportando ideas y experiencias que pueden servirnos de guía y estímulo para mejorar. Ya lo hice en el año 2010 con mi libro *Despacio, despacio,* que abría una reflexión sobre nuestra calidad de vida ligada a los usos del tiempo. También, posteriormente, en 2017, en las páginas de otra obra, *El éxito vital,* tratando de desmontar el modelo de éxito que impera en nuestras sociedades, al que considero en gran parte responsable de estas prisas que marcan la existencia de muchas gentes. Ahora, consciente de la importancia del momento histórico que estamos viviendo, he querido actualizar mis planteamientos y compartirlos contigo, querido lector o lectora, en un intercambio de ideas y experiencias, confiando en que sea fructífero.

Necesitamos con urgencia acoplar nuestras conductas individuales y colectivas a los límites y posibilidades del entorno natural que es nuestro hábitat. También a los ritmos que marca nuestro cuerpo, frecuentemente forzados por los vaivenes de la vida diaria. Ojalá entre todos consigamos reorientar las pautas y creencias que hemos heredado en relación con las prisas, el éxito y la calidad de vida. Mi deseo es que este libro te sea útil, que pueda convertirse en «un libro de compañía», un diálogo contigo que contribuya a esa reflexión que tanto nos conviene a todos. Que, al ofrecerte experiencias y propuestas innovadoras, estimule tu ánimo y creatividad para reinventarte reapropiándote de tu tiempo.

MARÍA NOVO

PRIMERA PARTE

VIVIR DESPACIO, VIVIR MEJOR

Capítulo 1

ENTRE LO URGENTE Y LO IMPORTANTE

La prioridad más urgente
es tomarse tiempo para pensar.

MICHEL ROCARD

Nuestro bienestar colectivo está en juego, también la felicidad personal. Son muchas las causas que contribuyen a este fenómeno, entre ellas una que se menciona poco y resulta esencial: *los usos del tiempo, uno de nuestros bienes más valiosos, un recurso no renovable que, una vez transcurrido, resulta imposible recuperar.* Un bien intangible que, a diferencia del dinero, no se puede guardar ni acumular, y que tampoco se puede fabricar.

En nuestras sociedades, todos añoramos disponer de más tiempo; el estrés invade la vida de muchas personas y la frase que más se escucha, cuando se habla de calidad de vida o vacaciones, es «necesito desconectar». ¿Será, acaso, que tenemos demasiados centros de interés, trabajos con horarios inadecuados, muchas horas perdidas en los desplazamientos laborales…? Posiblemente todo esto sea cierto, pero hay algo más: nunca nos hemos preocupado de reflexionar sobre la forma en que está organizada nuestra vida en términos de tiempo. Procuramos organizar los horarios, acoplarnos a las exigencias laborales, familiares, personales, si bien no somos conscientes del valor que está en juego en cada hora y cada día que pasa. Generalmente nos conformamos con resistir, con llegar exhaustos al final de la jornada, a esas horas que dedicamos al hogar y los seres queridos. *Pasamos por alto una realidad bastante generalizada: la de vivir a un ritmo que no es el que reclama nuestro cuerpo.*

Por supuesto, si alguien nos roba la cartera rápidamente lo denunciamos para que sea castigado. Sin embargo, en el trabajo sobre todo, muchas personas se sienten legitimadas para robar el tiempo de otras sin el más mínimo pudor por ello. También porque nosotros no ponemos ningún impedimento a esa reunión que comienza a las seis de la tarde o a ese encargo que debemos resolver en el fin de semana. Felizmente, las mujeres y algunos hombres con cargos directivos en muchas ocasiones son pioneras en rechazar estos «robos de tiempo». Sin embargo, en la mayoría de los casos, el jefe manda y no están las cosas para bromas. Incluso a veces nosotros mismos nos ofrecemos, ponemos a precio de saldo nuestras horas.

La presión del trabajo es hoy en día excesiva. El empleo se ha convertido en otro bien escaso. Algunas personas necesitan acumular dos o tres ocupaciones para llegar a fin de mes. En estos casos, pedirles a los trabajadores que defiendan su tiempo podría parecer algo utópico. Olvidamos que fueron ellos, con sus luchas por una vida mejor, los que conquistaron la jornada de ocho horas, las vacaciones pagadas, la cobertura sanitaria…

Felizmente, a raíz de la pandemia, muchas personas han descubierto que necesitan disfrutar del hogar y la familia, de modo que eligen, aun en condiciones económicas escasas, rechazar los trabajos mal pagados y sin horarios para buscar otros en los que, aun ganando menos, tienen horarios razonables. En Estados Unidos se ha generado un movimiento espontáneo en este sentido, que algunos analistas denominan «la gran dimisión», y que ha movilizado a millones de personas. En los países turísticos vemos como escasean los camareros y los conductores de transporte pesado, ambas actividades con horarios muy poco compatibles con una vida familiar y sosegada. Algo se mueve...

En general, la organización de la vida laboral no prima a las personas, sino al mercado. Lo que se busca es la productividad, la competitividad... ¿Y la felicidad...? Esa queda para el fin de semana, si no hay que preparar algún trabajo urgente, o para el escaso período de vacaciones en el que, por no perder la costumbre, generalmente seguimos corriendo con el ansia de desplazarnos, de viajar, de ver, ver, ver... ¿Y reflexionar? ¿Y disfrutar del silencio? Los estímulos externos se han convertido en devoradores de nuestro propio tiempo, que es tanto como decir de nuestra calma interior.

Italo Calvino, en un libro premonitorio titulado *La nube de smog,* describe una etapa en la vida de un modesto periodista que trabaja en una empresa y vive realquilado en una pequeña ciudad de cielos plomizos y mucha contaminación. El protagonista se define a sí mismo como alguien mediocre que no ha tenido suerte. Vive y trabaja resignado, siempre esperando que pasen los días y sus grises ocupaciones con tal de poder escapar el domingo. En el relato, Calvino escribe que «la ciudad era un mundo perdido, una máquina para producir los medios de salir de ella unas pocas horas y después volver». El protagonista, Avandero, «vivía los días de la semana preparando la excursión dominical». En esos momentos buscaba imágenes para guardarlas en los ojos y resistir…

He recordado muchas veces esta historia cuando veo las largas caravanas de la gente que huye de una ciudad cercana a mi pueblo en los fines de semana. Meterse en un atasco descomunal sólo parece justificado si necesitas abandonar un entorno que te agobia. Pienso entonces que muy dura debe de ser esa ciudad para que compense tanto el esfuerzo de abandonarla. Y siento que la vida de Avandero, el de la historia, es una metáfora de las muchas vidas que se desarrollan en entornos y tiempos hipotecados por una forma de vida insatisfactoria.

Todas las actividades y los condicionantes que la vida actual nos impone (y que, en algunas ocasiones, nosotros mismos aceptamos…) nos están robando esas horas que necesitamos para el ejercicio natural y gratificante de *dejar de «hacer» y limitarnos a «estar» en armonía con el entorno, la familia, los amigos…* Las horas tranquilas en las que podemos disfrutar de la naturaleza, reflexionar, cuidar de nosotros y de los que nos rodean… Un tiempo que nos permita tener un proyecto de vida gratificante, participar en los problemas de la comunidad, vivir como nos soñamos.

Porque los seres humanos soñamos a menudo, generalmente despiertos. Y uno de los sueños que se escucha con más frecuencia es el de reducir la velocidad de la vida diaria, recuperar el timón de la propia historia personal alejando de ella todo ese cúmulo de compromisos, obligaciones y distractores que consumen nuestras horas y amenazan con gobernar nuestros anhelos profundos de una existencia a ritmo humano.

Hasta que, un día, nos damos cuenta de que *la libertad es tiempo,* descubrimos que ser dueños de nuestras horas y días es esencial para una vida libre, consciente y sosegada. Y comenzamos a desearla. En ese momento despierta la lucidez de saber dónde estamos y cómo queremos vivir. Es una revelación: vislumbramos por dónde queremos caminar.

Entonces, nos atrevemos a hacernos preguntas que antes no nos habíamos hecho: sobre la forma en que producimos y consumimos colectiva e individualmente; sobre el modo en que comemos, viajamos, vestimos, organizamos nuestro ocio y nuestras relaciones… Todo se convierte en una interrogante. Pronto comprendemos que algunas cosas no las podemos cambiar, nos exceden. Pero felizmente vislumbramos que hay muchas otras que es posible organizar mejor para vivir en paz con el planeta y cultivar la serenidad interior que nos proporciona bienestar.

Uno de mis escritores favoritos es Roberto Juarroz, un poeta y ensayista argentino ya fallecido. Sus versos, entre lúcidos, irónicos y sugerentes, mantienen una gran tensión entre la vida real y los proyectos del ser humano contemporáneo, utilizan con frecuencia la paradoja e iluminan las partes oscuras de nuestras vidas. Su poesía es *una invitación a que ensanchemos nuestra visión del mundo, no viéndolo como una realidad fija, sino como algo fluyente,* algo que desafía a nuestro modo de ser y de estar.

Sé de memoria algunos versos suyos y especialmente, al escribir ahora estas reflexiones, recuerdo los que dicen así:

Hay que caer y no se puede elegir dónde.
Pero hay cierta forma del viento en los cabellos,

cierta pausa en el golpe,
cierta esquina del brazo,
que podemos torcer mientras caemos…

Como sugiere metafóricamente Juarroz, siempre podemos modificar algo en nuestra forma de transitar por el mundo, pese a las complicaciones de la vida diaria, los compromisos… Tal vez el secreto sea más sencillo de lo que parece. Recuperar tiempo es, al fin, recuperar el sentido de nuestra vida, hacernos dueños de esa parcela de nuestro destino que creíamos perdida.

Reorganizar el tiempo no es un deporte para espectadores. Se necesita una cuota de lucidez unida al afán activo de mejorar nuestra vida.

Dedicamos muchas horas a responder a los múltiples distractores que hay en nuestras sociedades: correos electrónicos, redes sociales, televisión, wasaps… ¿Nos atrevemos a calcular los espacios diarios de atención que concedemos a estos estímulos? Tal vez, si nos detuviésemos e hiciésemos la cuenta, comprenderíamos que *estamos derrochando algo que es posible reorganizar y reducir para ser más libres.*

El secreto es tan sencillo como *tomarnos tiempo para pensar qué queremos hacer con nuestro tiempo…* Esto supone parar, revisar nuestra actividad diaria y tomar decisiones para que esos distractores no se apropien de nuestras horas, para ser nosotros quienes administramos lo que hacemos con ellas en función de nuestros intereses, afectos, vocaciones, aficiones…

Para ello, es esencial comenzar a *distinguir lo urgente de lo importante.* Eso nos ayuda a ordenar los tiempos, a saber que no todo tiene que estar para mañana, que improvisar y fluir con la vida requiere una cierta dosis de abandono, de no tener todo planificado ni comprometido. Ese simple ejercicio es una fuente de esperanza. Cuando lo hacemos, de pronto todo se relativiza, el sentido del deber se modula lo suficiente para que entre en juego el sentido del querer. Y ambos se armonizan. No dejamos de ser responsables, pero aprendemos a conciliar la responsabilidad con la improvisación, la bienvenida a un tiempo nuevo y distinto. Y comprendemos.

¡Cuántas cosas que realmente habríamos deseado hacer se han quedado en el camino sepultadas por la actitud de estar siempre atentos al sonido del wasap, a la llegada de un correo, a una llamada…! Por no hablar de la cantidad de horas frente a un televisor que podrían ser reemplazadas por horas de conversación con la pareja, los pequeños de la familia, las personas amigas… O por un paseo en el parque para conversar con la naturaleza, que también habla y sabe escuchar…

Despilfarrar el tiempo es parte de la cultura de derroche que se ha instalado en nuestras sociedades. Derrochamos agua, tiramos alimentos a la basura, desechamos ropa que podríamos seguir utilizando… ¿Por qué no gastar el tiempo sin que nos preocupe su irreversibilidad, esa condición de «no reutilizable» que tiene cada hora que empleamos en estar siempre ocupados?

Vivimos una gran paradoja: lamentamos no tener más tiempo para nosotros, pero, a la vez, nos dejamos invadir por proyectos de todo tipo que invaden las horas, minutos y segundos de nuestros días. ¿Será que huimos de algo? ¿De qué escapamos? ¿Tratamos tal vez de ahuyentar la lucidez, ese ejercicio de quedar frente a frente con quienes somos…?

No es tan fácil. Atreverse a contemplar nuestro mundo y el papel que jugamos en él no es tan fácil. Nos rodea mucha belleza, pero también un insondable sufrimiento humano, una naturaleza dañada y doliente, un desconcierto ante el futuro… ¿Dónde estamos? *La sociedad de las prisas es nuestro hábitat.* Tal vez nos convenga mirarla de frente y ver cuáles son sus rasgos fundamentales, para encontrar sus grietas –que las tiene–, esas fisuras por las que podemos introducir proyectos, aspiraciones, logros…, incluso el tesoro de nuestros sueños más escondidos.

La reconstrucción ya ha comenzado. Esta sociedad aguarda horizontes hospitalarios para nuestras ganas de abrazar, de reír, de probar el sabor de la calma. Y necesita que nosotros, sus habitantes, usemos la imaginación y la creatividad para ir moldeándola con la belleza de la tranquilidad, la alegría de la concordia, la vocación de compartir. Tenemos ante nosotros un proyecto de vida comunitaria que puede expandirse si lo potenciamos. Hay una gran esperanza en todo esto. Y mucha gente dando los primeros pasos…

Estamos hechos de tiempo, un valioso don que se desliza en nuestra vida de forma irreversible. Un recurso no renovable.

La libertad es, en gran parte, tiempo. Y el tiempo es, a su vez, una condición para la libertad.

El tiempo nos regala oportunidades. Para aprovecharlas, es esencial distinguir entre lo urgente y lo importante.

Capítulo 2

SABOREAR EL MOMENTO OPORTUNO

El pasado ha huido. Lo que esperas
está ausente. Pero el presente es tuyo.

Entre las muchas concepciones históricas y culturales del tiempo, la de la antigua Grecia reviste una especial importancia porque se acerca, a través de uno de sus dioses –Kairós– a una de las propuestas que hoy defiende la cultura *slow: vivir atentos a cada momento situando la mente y el corazón en el presente.* Reconocer y hacerle sitio a esos instantes excelsos en los que cada vida se define; las oportunidades que es preciso aprovechar; el viento que sacude tus cabellos y te indica que cada ocasión es irrepetible. Más tarde se relacionaría, en la cultura romana, con el *carpe diem:* atrapa este momento, no volverá.

En realidad, Kairós no estaba sólo. Los griegos tenían tres dioses para referirse al tiempo: Kronos, Aión y Kairós. El primero era rey de los Titanes y padre de Zeus. Según la mitología, había nacido en el instante en el que se separaron el Cielo y la Tierra. Era el hijo menor de Urano y Gea.

Kronos había arrebatado el trono a Urano, su padre, quien lo maldijo diciéndole que a él le sucedería lo mismo: uno de sus hijos le quitaría el poder. De modo que Kronos, cada vez que su esposa Rea daba a luz un hijo, lo devoraba. Así hizo con varios de sus descendientes hasta que Rea organizó una estrategia: cuando tuvo a su hijo Zeus, burló la vigilancia de Kronos y lo llevó hasta una cueva en la isla de Creta. Después envolvió unas piedras en los pañales del recién nacido y Kronos, insensible al engaño, las devoró.

A partir de ese momento, la ninfa Amaltea cuidaba lejos de Zeus, que iba creciendo hasta convertirse en un joven fuerte. Cumpliendo la profecía, finalmente derrotó a Kronos. La astucia y el valor habían ganado la partida y Zeus reinó desde entonces en el monte Olimpo acompañado por los demás dioses.

Como vemos, la esencia de Kronos es devorar sus propios frutos, por eso es el tiempo de lo que sucede y se consume. Fue considerado el dios del antes y el después, que hoy asociaríamos con el reloj. El del tiempo lineal e irreversible, el vínculo entre el nacimiento y el final de todo lo existente, el que avanza hacia la muerte.

Aristóteles se refería a él como *el tiempo de las acciones imperfectas,* es decir, de aquellas que sólo tienen un fin en sí mismas y, cuando terminan, todo ha concluido. Por ejemplo, presenciar un acto deportivo: comienza, termina y a otra cosa...

Aión, en cambio, es el tiempo cíclico, el que cuida lo que nace y renace cíclicamente. Es el tiempo de la vida en su sentido más profundo, no de la existencia personal, sino del fenómeno de la vida que se autogenera constantemente. Los griegos lo representaban como anciano y como niño. Un ser que no nace, no tiene principio, sino que él mismo está en el origen del universo. *Es el eterno retorno que simbolizaban con la imagen de una serpiente que se muerde la cola.*

Y en Grecia existía un tercer dios simpático y generoso: Kairós. La mitología dice que era hijo de Zeus y de Tijé, la diosa de la suerte y la fortuna. Los griegos lo representaban como un hermoso joven calvo, con un sólo mechón de pelo y los pies alados, para simbolizar que, cuando pretendes atraparlo, tiene la capacidad de escaparse volando sin que ni siquiera puedas tomarlo por el cabello.

Kairós es el momento oportuno, lo mismo para sembrar el trigo que para cruzar un mar embravecido. Es el justo instante en que el surfista puede pasar la ola: si lo hace antes o después fracasará. Es el dios de la justa medida, el que nos ayuda a intuir la ocasión, el principio de oportunidad. Puede regalarnos instantes de plenitud en los que parece que la vida se detiene y las horas se ensanchan. Esos momentos en los que un minuto es como una eternidad: el del primer beso, la escucha de unas palabras sanadoras, el abrazo del amigo que creíamos perdido.

Se dice, por tanto, que *Kairós es acontecimiento,* una vivencia que nos transforma. Todos tenemos la experiencia de él en nuestras vidas, de ese instante en que hemos escuchado una música que nos conmueve y el reloj de nuestro espíritu se ha detenido; de la mirada cómplice con la que alguien hizo que un día fuera único; del reencuentro con un ser querido, en el que las horas y los minutos tenían su propia medida…

Él va construyendo nuestra historia en esos instantes precisos y preciosos que luchan contra la ley de la entropía, son una negación del camino hacia la muerte, la ocasión que despierta a la vida, la autoorganiza, la hace ir más allá de su temporalidad. Es, en definitiva, el tiempo subjetivo que no tiene medida y que marca la trayectoria personal de cada ser humano

Cuando miramos hacia atrás y queremos recordar quiénes somos, no lo hacemos de la mano de Kronos, día a día, hora a hora, sino de la mano de Kairós, rememorando los hitos, las oportunidades aprovechadas, las ocasiones que hemos tenido para amar, los acontecimientos que nos marcan (el nacimiento de nuestros hijos, el momento en que encontramos nuestro primer trabajo...). ¿Tienen esos hechos días y horas precisos? Pudiera ser, pero Kairós no los necesita. Él nos da cuenta, más allá de los datos numéricos, de esos instantes infinitos, intemporales, con los que hemos construido la urdimbre de nuestro vivir, instaurando la celebración, la fiesta, en nuestra existencia.

La creatividad, ese golpe de gracia que conocen tan bien los artistas, es cosa de Kairós. De su mano damos vida a lo nuevo, creamos ideas, objetos, vínculos humanos. En medio de la aridez de Kronos, la gran filósofa y poeta María Zambrano describió bellamente la llegada de Kairós a nuestras vidas al hablarnos de *los claros del bosque,* esos espacios –reales o simbólicos– a los que no siempre es posible entrar, que ni siquiera hay que buscar, sino más bien reconocer cuando marcan el camino, generalmente sin previo aviso. Esos momentos apenas presentidos, entrevistos en medio de la niebla, en los que algo extraordinario se abre paso como una *revelación.*

¡Qué importante es Kairós y qué poco lo cultivamos! Nos dedicamos mucho más a mirar el cronómetro, ese símbolo de Kronos que llevamos en la muñeca o en el bolsillo.

Un símbolo que nos recuerda nuestra esclavitud del tiempo medido, calculado. Guiándonos por él nos vamos llenando de compromisos y rutinas, algunos necesarios y otros no tanto... El caso es que estamos siempre tan ocupados que, cuando Kairós nos visita, muchas veces ni siquiera somos conscientes. Recuperar esa consciencia es parte esencial de la persona que quiere ralentizarse, hacerse no sólo más lenta sino más rica en atención, más capaz de dar entrada a ese fluir misterioso e imprevisto con el que nos saluda la vida en más ocasiones de las que creemos.

Como afirmaba Borges, *cada día, aunque sea por un instante, estamos en el paraíso.* Reconocer esos momentos Kairós supone algo tan sencillo y difícil como aprender a disfrutar del aquí y del ahora dejando espacio para que los acontecimientos –pequeños y grandes– ocurran. Y saber reconocerlos, celebrarlos, dar las gracias a la vida por ellos...

Los occidentales, en una gran mayoría, somos ricos en cosas, pero pobres en tiempo. Todos llevamos un cronómetro en la muñeca que nos recuerda nuestra condición de esclavos de Kronos. A fuerza de organizar nuestra vida, de llenarla de obligaciones y rutinas, dejamos escasas oportunidades para Kairós, porque eso requiere cierto abandono ante el fluir misterioso e imprevisto de la vida. Y es que, como decía María Zambrano, «a los claros del bosque no se va a preguntar...».

Tendríamos que vaciar literalmente nuestras vidas de muchas de las acciones inútiles (en el sentido del bienestar) con las que la hemos llenado: multiplicación de tareas para ganar más dinero del que realmente necesitamos; horas de esfuerzo dedicadas a demostrar lo mucho que valemos y ser considerados importantes... Todo eso nos sobra, es una forma de vivir esclavizados por Kronos, que devora uno de nuestros bienes más preciados: el tiempo irrepetible de cada día.

Porque, para que sucedan cosas nuevas en nuestras vidas (pequeñas o grandes cosas, pero vivificantes) hay que estar disponibles, dejarles sitio y tener claras las prioridades. Cada existencia tiene unos límites de tiempo y, si los sobrepasamos, es imposible que entre en ella algo nuevo, estimulante. Si todo nuestro tiempo está ocupado, no podemos incorporar nada innovador. Para que Kairós nos visite es preciso estar disponibles, vaciarse, ganarle horas y días a toda esta carrera por producir y consumir sin límites, un desatino en el que nos ha metido la sociedad de consumo.

Podemos ir sustituyendo, en parte, las formas de ocio por las que hay que pagar siempre por otros modos de disfrute que fomentan las relaciones personales, estar con uno mismo, el cultivo del silencio… Esos grandes disfrutes hacen presente a Kairós y además son gratuitos. Si nos vamos desapegando de esa especie de *horror vacui* que nos impide estar a solas con nosotros mismos y aprendemos a vivir la paz del silencio, regalarnos momentos de ternura con las personas queridas…, entonces se produce el milagro: comenzamos a sentir la presencia de Kairós en nuestras vidas. Y lo agradecemos.

Nuestros proyectos personales, en muchas ocasiones, están dominados por metas que nos sobrepasan, por la productividad y la competitividad. Si tu empresa quiere que rindas, te marcará unos objetivos, siempre al borde de tus posibilidades. El año próximo te pedirá más. Y así, actuando siempre con una finalidad fijada de antemano, viajando siempre para llegar a algún lugar (y no para disfrutar del viaje), vamos situando nuestra vida en los objetivos y nos perdemos el momento presente, el gusto por lo que estamos haciendo en cada momento, la posibilidad de vivir con el ritmo apropiado cada hora del día.

El avión nos lleva de una ciudad a otra y a veces ni siquiera sabemos situar en el mapa el trayecto recorrido. El automóvil y los trenes de alta velocidad no están hechos para disfrutar del paisaje, sino para llegar pronto. Los objetivos, las finalidades últimas del trabajo y de nuestra actividad profesional nos ponen muy difícil el disfrute. ¿Trabaja usted para vivir o vive para trabajar...?

Hay trabajos y procesos que no podemos esquivar, pero, aun así, es preciso reflexionar sobre nuestras metas, el modo en que las elegimos o aceptamos cuando dependen de nosotros. Hagámosle sitio a Kairós en nuestras vidas antes de que sea demasiado tarde. Dejemos que él nos provea de momentos excelsos y estemos atentos cuando lleguen para vivirlos en plenitud y celebrarlos conscientemente con una sonrisa. En esos instantes preciosos redescubriremos la amistad, el amor, la textura de un abrazo, el color de los atardeceres, el sabor de un beso, la inmensa creatividad como un don de lo humano...

Recuperar tiempo es recuperar el sentido de nuestra vida,
hacernos dueños de esa parcela de nuestro destino
que creíamos perdida.

Todo tiene su tiempo oportuno. Quienes cultivan las artes
de esperar, escuchar, decir «no»… fortalecen el presente
y plantean sin apego el futuro.

Cada día, aunque sea por un instante, estamos en el paraíso.
Reconocer esos «momentos kairós» supone disfrutar
del aquí y el ahora, celebrarlo y agradecerlo.

Capítulo 3

REGALARNOS TIEMPO ENTRE NOSOTROS: LA TERNURA

Protegedme de la sabiduría que no llora,
de la filosofía que no ríe y de la grandeza
que no se inclina ante los niños.

KHALIL GIBRAN

Somos hijos de las emociones y los sentimientos. Ellos funcionan dándoles forma a los días y las horas, son la guarida en la que albergamos las alegrías y los miedos, el sabor de los abrazos y los momentos de tristeza dolorosa. Se parecen al viento: nos empujan a actuar en una u otra dirección, nos indican los caminos y sus bifurcaciones antes de que la razón pueda poner límites y objeciones, argumentos o consciencia de las cosas.

El primer sentimiento, el que da forma a lo que somos y se mantiene desde el nacimiento hasta la tumba, es la necesidad de sentirnos amados, de ser importantes para alguien. Comienza en la infancia y no exige palabras, aunque nunca sobren. Se vale casi siempre de elementos sutiles: un pequeño gesto, un silencio cómplice, una caricia… Con ellos construye, pese a su endeblez, la sólida armazón de nuestra autoestima: aprendemos a amarnos porque otros nos aman. Y así, *despacio, la ternura se abre paso en nuestras vidas, cabalga por ellas como un misterio, les otorga color y calor*, abre las puertas a todas las formas posibles de cuidar y sentirnos cuidados.

Sin tiempo, sin minutos y momentos lentos, resulta imposible la ternura. Esa mirada que adivina lo que la otra persona siente. La cercanía que ampara y protege. Todo ello requiere atención y lentitud. De otro modo, con prisas, nunca alcanzamos a intuir el alma del hijo, de la amiga, de nuestra pareja... *Hace falta mucho tiempo para aprender a ver, que es la forma profunda del mirar.* Porque ahí, en el largo intervalo que separa lo que miramos de la captación penetrante de su esencia... Ahí, justamente en ese salto, se produce el milagro de descubrir a la persona o el entorno que está frente a nosotros.

La calma y la ternura nos enseñan a mirar para ver a los seres humanos, las situaciones, la naturaleza... Cuando lo hacemos, el sentimiento de paz se abre paso, al igual que el respeto y los afectos. Pero también pueden emerger el rechazo y la envidia... Todo lo humano aparece con la contemplación que desvela lo bello y lo feo, lo que tiene color y lo incoloro... Eso nos permite distinguir, optar, hacer elecciones. *El tiempo que dedicamos a ver nunca es un tiempo perdido.*

Es posible sentir y dar ternura con muy diversos grados. No se vive igual el abrazo a un hijo que el saludo a un colega. Pero, en ambos casos, cabe llevar en el ánimo un ritmo que nos permita descubrir a la otra persona, estar con ella como si fuera lo más importante de ese momento. Sólo es preciso hacerlo sin prisa, concederse el regalo de lo demorado, añadir una sonrisa a nuestro gesto. Esto es gratuito, no cuesta nada, consiste simplemente en darle una tregua al mundo acelerado en que vivimos y permitirnos vivir cada instante con atención, como algo irrepetible y valioso.

Existe un tipo de literatura romántica que reduce la ternura al amor de pareja. Desde luego, en ese caso juega un papel de primer orden. Pero, felizmente, no es exclusiva de esas situaciones, ni mucho menos. Siempre que dedicamos tiempo e interés a las personas o al entorno, siempre que nos aquietamos para escuchar los sonidos de la naturaleza o las palabras de un amigo, la ternura se abre paso. La distinguimos claramente en la forma en que la gente trata a sus perros, cuida sus plantas, acaricia a los niños o nos mira a los ojos cuando estamos tristes. Ahí, como por encanto, se revela el lado íntimo de las horas, los minutos, los segundos que dure nuestro encuentro.

En esos espacios de calma, nuestra fragilidad se hermana con la de los demás seres humanos y el caos se salpica de instantes en los que todo parece ordenarse: unas risas compartidas, un gesto que nace en el sentimiento, una escucha que necesitábamos... *Practicar las relaciones humanas con ternura es pensar con el corazón y sentir con la mente,* mirar al mundo con la piedad que suscita el dolor y con la alegría que alumbra los amaneceres. Es pasar por la vida como quien vive una experiencia que no se puede desaprovechar: dedicándole tiempo.

Hasta en lo más inhóspito existen grietas. Por ellas entra la luz. Así ocurrió con la pandemia de la COVID-19 que irrumpió con fuerza en nuestros hogares. En su conjunto, creó situaciones inéditas para las que no estábamos preparados. Tuvimos que restringir la movilidad, limitarnos algún tiempo a las cuatro paredes de la casa… No fue fácil. Pero, si algo ocurrió con la pandemia, fue que nos paró. El confinamiento volvió a ponernos de cara a la realidad de nuestras vidas. Tuvimos tiempo para pensar, para reflexionar mirando atrás y buscando los ecos del pasado, a veces de forma dolorosa. No nos quedó más remedio que vernos al desnudo, con la crudeza de la desolación o la grandeza de una vida vivida en plenitud. Ya no cabía ocultarse nada. Y…

Emergieron los cuidados y la ternura. No siempre, pero con gran frecuencia. Los hijos pequeños pudieron disfrutar de nuevo de la presencia de los padres en sus juegos. La ternura ayudó a muchas parejas a sobrevivir en el confinamiento: los hombres hicieron tareas domésticas que nunca antes habían abordado; las mujeres supieron dónde estaba lo importante y lo cultivaron… No, ésta no es una visión idílica. Sé que hubo muchos conflictos, incluso separaciones, familias grandes encerradas en pisos pequeños… No ignoro todo eso, querido lector o lectora. Pero déjame poner en alto los aprendizajes: todos aprendimos algo en ese tiempo que nos vino sin pedirlo y, al final de la experiencia, ya no somos los mismos.

La pandemia fue como un crisol que depuró los afectos, el respeto, la complicidad y la necesidad de cuidar unos de otros entre los convivientes. Y también de las personas que viven solas: vecinos que hacían la compra a la vecina anciana; jóvenes que se ofrecían para ir a las farmacias y traer medicamentos… Los resultados, en todos los casos, son distintos según el grado de ternura que envolvió el paisaje de cada cual. La experiencia de un virus merodeando en nuestras vidas nos produjo miedo y asombro. Nos creíamos a salvo y, de pronto, la naturaleza se sirvió de algo diminuto para mostrarnos su poder. Y, encerrados durante largos meses, comenzamos a echar de menos la presencia de los seres queridos, el aire limpio, los rayos de sol en la cara, la experiencia de tocar un árbol, el canto de los pájaros...

Ése fue un primer momento de añoranza, un paso hacia la ternura con ella, la madre Tierra que nos acoge. Comprendimos nuestra dependencia, la necesidad de sumergirnos en un bosque, en un parque... Y nos imaginamos caminando a zancadas por los montes, con la promesa de que todo eso sería distinto porque lo haríamos despacio, demorándonos en cada minuto de placer.

Una de las evidencias que produjo la pandemia fue la ausencia de muchas personas queridas que vivían lejos. No sólo de las que lamentablemente fallecieron, sino de los padres, los hijos, los amigos que, de pronto, quedaron distantes, no podíamos verlos, abrazarlos... De nuevo la añoranza de ternura se convirtió en un eco persistente. Y pedimos a los dioses tiempo, tiempo para volver a reunirnos sin prisas, para reír juntos, poder sentir el cuerpo y los abrazos de quienes nos quieren, poder dar nosotros todo el amor que llevamos dentro...

Nos prometimos que nunca más dejaríamos que el estrés invadiese nuestras mentes. Algunos incluso aprendieron a gestionar mejor el tiempo, dejaron obligaciones que no eran tal cosa, replantearon su vida laboral y su ocio... No, no somos los mismos. Sólo nos falta un paso más: *derrochar cuidados y ternura con la naturaleza, que es como decir devolverle algo del tiempo que ella nos regala...* Y eso se traduce en adoptar formas de vida más sencillas, en comprender que el planeta puede cubrir nuestras necesidades, pero no nuestros deseos incontrolados.

Algo ya hemos hecho. En el año 2021, con la pandemia en las espaldas, el verano no nos llevó a países extraños. Descubrimos que se podía ser feliz en el pueblo de al lado, en la ciudad del norte o del sur que no conocíamos, incluso paseando por el parque cercano a nuestras casas. Recuperamos el placer de estar con nuestros mayores, no sólo por cuidarlos, sino por el gusto de pasar horas a su lado en paz. *A veces la ternura consiste en hacer, pero muy frecuentemente consiste también en dejar de hacer*, en mantenernos en silencio al lado de las personas o los paisajes que amamos y permitir que los que no conocemos nos asombren. Para lo cual necesitamos *un cierto abandono, el olvido del reloj, un hueco en el tiempo.*

No idealizo la pandemia —la sufrí como todo el mundo— si digo que, en ese tiempo lento y en las largas noches sin despertador, muchas personas recordamos la infancia y el momento en que nuestra madre o nuestro padre nos recogían cuando nos habíamos caído. En ese tiempo de cuidados, sabíamos que no estábamos solos, que había alguien que nos protegía. Y esos recuerdos revivieron al niño o niña que todos llevamos dentro. Nos hicieron añorarlo, porque aquel ser pequeño no estaba sometido a la disciplina de los horarios laborales, a las aglomeraciones de tráfico para llegar a la oficina, a la carrera estresante de tener que cumplir con creces las exigencias del trabajo…

Ese niño quiere tiempo. Todos los niños lo reclaman. Hace años, paseando por la ciudad de Bath, en el Reino Unido, encontré en una pequeña tienda un letrero que de inmediato compré y todavía hoy está presente en mi despacho. Dice así: «In the eyes of a child, LOVE is spelled TIME» (En los ojos de un niño o niña, amor significa TIEMPO).

El amor con tiempo permite que surjan relaciones sanas y constructivas. Y me consta que ese afloramiento se hace real en muchos casos a lo largo de esta convalecencia de la COVID-19 que ahora vivimos. Hemos entendido que la vida es corta, que puede quebrarse en cualquier momento y sin avisar. Y sabemos que es un don gratuito, como todo lo verdaderamente importante. Aprendimos a ver las necesidades de los otros. También que, *sin ternura, el amor no se ve, no se explicita.* Dicen que lo que diferencia un bofetón de una caricia es la velocidad de la mano. Olvidar la velocidad, dejar de lado la aceleración, ése es nuestro reto.

Un ejemplo del modo en que podemos regalarnos tiempo y ternura unos a otros son *las Bibliotecas Humanas.* Nacieron hacia el año 2000. La iniciativa partió de la ONG Stop the Violence, de la mano de un periodista, Ronni Abelger. Su propósito era reducir la discriminación conectando a personas de diferentes culturas, religiones, razas, para que pudieran compartir sus historias y, de esa forma, romper prejuicios y estereotipos. Los «libros humanos» solían ser personas que nuestras sociedades consideran poco y desconocen mucho: refugiados, emigrantes, discapacitados, alcohólicos… Y el lema que se proponía era «dejar de juzgar» a la gente, abandonar las evaluaciones rápidas y «leer» despacio esas vidas, dejarse sorprender por ellas y dar entrada a la empatía. Ronni Abelger supo ver cómo, en nuestras sociedades de la prisa, los wasaps y el fenómeno de estar hiperconectados nos alejan de las conversaciones y del contacto humano, que se van haciendo cada vez más escasos, pese a que son una necesidad.

Él sabía que era una experiencia arriesgada, tenía sus dudas. Pero éstas se disiparon pronto. Se preguntaba qué ocurriría si no había nadie que quisiera «leer» esos libros humanos. La respuesta fue espléndida: en cuatro días se leyeron más de 1 000 libros humanos. Incluso llegó a haber intercambios de teléfonos entre lectores y libros. La realidad confirmó que, cuando somos capaces de dedicar tiempo a la escucha atenta de una historia de vida, se fomenta el diálogo, la comprensión, la tolerancia entre hombres y mujeres de distinta condición social, raza, cultura, religión...

Este proyecto es fácil de replicar y muy atractivo. Todos necesitamos aprender a escuchar y aprender de las vidas de otros, así que rápidamente se creó un movimiento Human Library y hoy más de 80 países disponen ya de Bibliotecas Humanas en las que se ofrecen títulos tan sugerentes como *Soy refugiado*, *Historia de una bipolar*, *Me convertí al islam*, *Vivo con el sida...* Detrás de cada título existe una historia que, escuchada y dialogada con tiempo y respeto, hace crecer a las dos partes y rompe muchas ideas preconcebidas.

La mayoría de estas Bibliotecas Humanas se organizan cada cierto tiempo, pero en Lismore (Australia) ya existe una permanente. En España funcionan algunas, siempre inspiradas por el movimiento que nació en Dinamarca y que, paradójicamente, allí ha cumplido su misión durante estas pasadas décadas y ahora está decayendo.

Los seres humanos podemos ser crueles, hacer daño. Pero también podemos amar todo lo existente con ese amor ancho, gratuito, con el que se dan las gracias a la vida o se palía la soledad. Nuestra existencia es corta, no la hagamos más corta con las prisas, el estrés, ese pasar por las personas y las cosas sin verlas. *La ternura es un don de tiempo, un don gratuito que nos hace ricos en afectos.* Y dicen que existen personas tan pobres que lo único que tienen es dinero. Así que el camino de la felicidad pasa más bien por reapropiarnos de nuestro tiempo y dejar que la primavera se estrene cada día en nuestro corazón, y en nuestras manos, nuestras miradas, nuestros gestos…

Al final, todo es más sencillo de lo que parece. Parafraseando al poeta Miguel Hernández, consiste en ir por la vida con el amor y el tiempo a cuestas. Porque el amor, sin tiempo y ternura, es muchas veces la senda del desamor.

La ternura da color y calor a nuestras vidas, adivina lo que otra persona siente y necesita. Es una forma sutil de cercanía en la que no caben las prisas.

Sólo un ritmo vital pausado nos permite aprender a ver, que es la forma profunda de mirar. El tiempo que dedicamos a ver nunca es un tiempo perdido.

Es posible sentir y dar ternura en diversos grados. No es igual el abrazo a un hijo que el saludo a un colega.
Pero, en ambos casos, requiere ver a la otra persona como lo más importante de ese momento.

Capítulo 4

CUIDAR SIN PRISA Y CON PACIENCIA

Y será el simple y esencial cuidado lo que
todavía va a salvar la vida, proteger la
Tierra y hacernos sencillamente humanos.

LEONARDO BOFF

El empeño por cuidar está presente allí donde hay vida. Es una constante de la inteligencia que actúa en todos los sistemas vivos. Se expresa de continuo en su primera forma –el autocuidado– para constituirse después en un fenómeno de cooperación y en el cuidado de otros. En el caso de los mamíferos, los cuidados se nos hacen más visibles por su similitud con los humanos, con especial énfasis en la atención a las crías.

Cuidar comienza por cuidarse. Las bacterias, las hormigas, los árboles, los animales, tienen asociada a su inteligencia vital la capacidad de organizarse para sobrevivir cuidándose a base de negociar con las condiciones del entorno y obtener los nutrientes y la energía necesarios. Nos conmovería ver despacio cualquiera de los procesos de cuidados que se dan en el mundo vivo. Incluso aprenderíamos de algunos de ellos.

En el ámbito de la Antártida, viven los pingüinos emperador en densas colonias. Son monógamos, sus parejas duran toda la vida. Su primer cuidado –el de sí mismos– lo realizan de una forma ingeniosa y cooperativa. Con el fin de afrontar las heladas temperaturas de su hábitat, que pueden llegar hasta –60°, en los momentos más duros, se mantienen abrazados en círculo, muy juntos, para darse calor. Periódicamente, se turnan para ocupar el centro del grupo, menos frío.

Cuando la hembra del pingüino emperador pone el huevo, la delicada tarea de la incubación la asume el macho, colocando el huevo sobre sus patas para aislarlo del suelo helado y cubriéndolo con sus plumas. La hembra, por su parte, se marcha a cazar, haciendo largos recorridos hasta llegar al mar. En ese tiempo, el macho no come nada, está focalizado en el cuidado del huevo. Cuando la hembra regresa, regurgita la comida que ha obtenido para alimento de la cría. El macho sale entonces a buscar comida y ambas partes se turnan en los cuidados esenciales de su cría hasta que tenga suficiente edad para independizarse.

Este pequeño relato nos muestra pautas y comportamientos en el mundo animal para asumir cuidados de forma modélica.

En los momentos de prisa, cuando alguna persona o algo vivo querido necesiten de nuestra ayuda, deberíamos aplicarnos «*la estrategia del pingüino*»: *cuidar sin prisa y con paciencia.*

Como vemos por este ejemplo, no somos los únicos cuidadores, ni siquiera tal vez los mejores. La falta de cuidados –y de autocuidado– es el estigma de nuestro tiempo. Si bien esa actitud vital de cuidadores nos viene dada de siempre, como al resto de los seres vivos, nuestra desconexión de la naturaleza nos ha ido desvinculando del sentido de pertenencia a la tierra, a la que maltratamos. Y nuestro modelo económico, regido por la lógica del beneficio inmediato, ha roto los vínculos solidarios con la parte más frágil y vulnerable de la humanidad, que no recibe los cuidados necesarios, entre ellos muchos millones de niñas y niños, así como de personas ancianas.

La ecoética propone subsanar estas actitudes, que nos están conduciendo a un mundo en guerra con la madre Tierra y con nuestros compañeros de viaje, humanos y no humanos. Lo que sugiere es que hagamos reales nuestros vínculos de pertenencia al planeta y nuestra interdependencia entre seres vivos, especialmente entre los miembros de la familia humana.

El cuidado no es un acto, es una actitud, un modo de ser y estar, es la forma en que orientamos nuestro paso por la vida. Supone existir coexistiendo. Significa ir más allá de uno mismo, aprender a centrarse en las personas, seres, objetos, naturaleza que nos rodean. Y hacerlo con ternura y sentido de la responsabilidad. No digo con «amor», aunque sería perfecto, porque ya el mismísimo Kant, consciente de nuestra imperfección, nos advirtió que «la moral no puede pedirnos afectos, sólo acciones».

Por eso hay grados de afecto en los cuidados. No es lo mismo cuidar a un hijo que tratar de hacerlo con alguien lejano. Se trata simplemente de evitar la indiferencia y dejar que hablen los sentimientos y la responsabilidad. Sea como fuere, lo cierto es que, en nuestra especie, el ser recién nacido, si no recibe cuidados (e incluso antes, en el seno materno), se desestructura, enferma y muere.

Sin cuidados, el humano no deviene humano. Por eso decimos que la actitud de cuidar está en nuestra propia esencia. Tanto que, a la pregunta ¿qué es el ser humano?, podríamos responder: «Es un ser de cuidados», de capacidad para realizarse como persona y capacidad para colaborar en el desarrollo de su entorno. Casi podríamos atrevernos a decir: *«No damos y recibimos cuidado. Somos cuidado».*

Y aquí aparece de nuevo el problema del tiempo y la sociedad de las prisas. Estamos tan ocupados con nuestros trabajos, las vacaciones, el ocio y el negocio, que se nos olvida desplegar el tiempo y la paciencia que requieren nuestros hijos pequeños, nuestros padres, los amigos y amigas esenciales, el barrio y la ciudad en que vivimos… Y ella, la Tierra. Vamos a lo nuestro y externalizamos los cuidados de personas pagando a alguien para que acompañe a los débiles, los saque a la calle. Pero las personas no son plantas que se conforman con el oxígeno del aire. Las personas –y nuestros mayores los que más– necesitan la palabra y la caricia practicadas sin prisa. Mi barrio está lleno de ancianos en silla de ruedas que van empujados por detrás por un cuidador o cuidadora que generalmente va mirando el móvil. Dudo que, si se les preguntase, fuese eso lo que escogerían.

Necesitamos que la ética de los cuidados se encarne en nuestras vidas. Aunque eso signifique dedicar un tiempo que tenemos escaso a acompañar, acariciar, hacer la vida más amable a quienes lo demandan. También, en ocasiones, los niños, que no dicen nada, pero sufren cuando no pueden estar con alguno de sus progenitores que llega a casa cuando ya están durmiendo y sale en la mañana después de un «buenos días». Niños que crecen en entornos abundantes en cosas y escasos en tiempo.

48

Sea como fuere, el tiempo y los cuidados están fuertemente unidos. En el momento presente, estos vínculos de unión peligran y parpadean de tristeza en muchas ocasiones. Por no hablar de lo que ocurre en los barrios más pobres de nuestras ciudades, a los que a veces ni siquiera llega la luz. La sociedad de las prisas es un conglomerado de contrastes en los que la actitud de cuidar va quedando cada vez más diluida.

El filósofo Martin Heidegger (1889-1976), en su libro *Ser y tiempo,* afirma que, desde el punto de vista existencial, el cuidado se halla *a priori,* antes de toda actitud y situación del ser humano. Así entendido, como elemento constitutivo de la esencia humana, se expresa mediante la ternura vital, la cordialidad existencial, la caricia. Leonardo Boff, filósofo también, nos recuerda que «la mano sirve tanto para acariciar como para agarrar [...]. Agarrar es expresión de poder [...]. La mano que acaricia está revestida de paciencia, toca sin herir, y suelta para permitir la movilidad de la persona acariciada».

Al salir de la pandemia nos propusimos vivir de otra manera, eso que llamábamos «una nueva normalidad». Sin embargo, la sociedad de las prisas nos sigue empujando a dejar de lado los cuidados fundamentales como si fuesen un añadido sin importancia al resto de la actividad diaria. Nos arrastra a olvidar su condición esencial, *sitúa los cuidados en el plano de lo mercantil: algo por lo que se paga y se recibe una contrapartida.*

Nos vamos acostumbrando tanto a este sesgo que se nos olvida el origen. Así que permíteme, querido lector o lectora, que te cuente una antigua historia conocida como *la fábula de Higinio.*

Esta narración, atribuida al escritor latino Gayo Julio Higinio, relata el origen del ser humano. Y dice así:

Cierto día, una entidad mítica llamada Cuidado, al caminar por un río observó que en el suelo había arcilla. Entonces la inspiración le llevó a modelar ese barro y darle forma. Mientras lo hacía, apareció el dios Júpiter, que contemplaba la escena. Finalmente, el barro tomó una estructura precisa, un ser que agradó a Júpiter. Cuidado le pidió que le insuflara el espíritu vital, a lo que accedió Júpiter. Y así fue como ese ser de arcilla adquirió vida.

Cuando Cuidado le quiso dar nombre a su criatura, Júpiter defendió que, como él le había otorgado el soplo vital, debería llevar su nombre, a lo que se opuso Cuidado diciendo que la idea inicial había sido suya. Estaban discutiendo cuando apareció la diosa Tellus (personificación mítica de la Tierra) y argumentó que, como el nuevo ser estaba hecho de su propia materia, el barro, debería llevar su nombre.

Con tantas posiciones encontradas, se generó una gran discusión que parecía difícil resolver. Así que, con el consentimiento de todas las partes, se acordó recurrir a Saturno, un dios más viejo y más sabio, para que ejerciera de árbitro. Sopesando todo, él tomó la siguiente decisión:

—Tú, Júpiter, le insuflaste el alma a este ser, así que, cuando muera, recibirás de vuelta su espíritu.

»Tú, Tierra, facilitaste la materia de este cuerpo. Así que, al morir, sus restos regresarán a ti y serán inhumados.

»Pero como tú, Cuidado, fuiste el primero que diseñó a esta criatura, serás el responsable de su existencia manteniéndola bajo tus cuidados mientras viva.

Y concluyendo, Saturno decidió que este nuevo ser recibiría el nombre de la materia con la que había sido construido:

—Se llamará Humus, que quiere decir «tierra fértil». De ahí se derivará *humanus.*

Así el cuidado se hizo parte sustancial de nuestras vidas, nos enseñó a amar, a compartir, a cooperar. Creó para nosotros una mirada amplia que permite siempre ver al otro, intuir sus flaquezas, estimular sus capacidades... El amor crea espontáneamente cuidados entre los seres más próximos, pero también la educación, la atención a la salud, los trabajos que facilitan la vida a los demás, son ejemplos de cuidado indispensables para una vida comunitaria.

El cuidado genera vínculos, es una de sus cualidades más hermosas: personas cuidadoras y seres cuidados crecen juntos en la experiencia de dar y recibir atención. Una atención que requiere tiempo, tanto que, sin tiempo, se queda en una simple acción carente de sentido. Cuidar es tocar, es decir y escuchar... Es, en definitiva, hacer de las horas y los días demorados un regalo para quien da y quien recibe cuidados.

Hasta ahora, y en muchas sociedades sin variación, los roles masculino y femenino han estado muy definidos a la hora de cuidar. Las grandes cuidadoras han sido las mujeres. No sólo en el ámbito familiar, sino también en la atención al hábitat, a la tierra, en la obtención de recursos esenciales como agua y alimentos. Ellas no han tenido horarios ni jornada laboral, han estado dispuestas, de la mañana a la noche, a la labor de sacar adelante el hogar, acompañar a los enfermos y ancianos, olvidar sus propios deseos para ponerse al servicio de las necesidades familiares.

Ese trabajo no ha sido nunca reconocido. Todavía hoy, en contextos en los que el ama de casa se dedica al hogar, se suele hacer la pregunta: «¿Tú mujer trabaja?». Como si todo el trabajo que requiere sacar adelante una familia y cubrir sus necesidades no valiese nada al no estar «validado» por el mercado. Históricamente, ésta ha sido una fuente de dependencia del colectivo femenino y un desprecio al tiempo que las mujeres han dedicado a cuidar a hijos, a su pareja, a los ancianos de la familia...

Esta actitud y esta acción cuidadoras han sido tiempo y trabajo regalado por las mujeres a su entorno. Mucho más tiempo, generalmente, que una jornada laboral de ocho horas. Todo ello ha sido ignorado, subestimado, en ocasiones ocultado, simplemente porque se trataba de trabajos gratuitos, invisibles para la economía. Sin embargo, sabemos que el trabajo femenino no remunerado, junto con el voluntariado, no sólo son imprescindibles como soportes de la vida, sino que representan un cincuenta por ciento del PIB mundial. *Podríamos preguntarnos qué ocurriría si un día las mujeres del mundo suspendieran sus tiempos y trabajos de cuidados gratuitos. La respuesta es obvia: las sociedades quebrarían.*

En nuestro entorno, parece que la distribución de tareas y tiempos se va consiguiendo. Entre la gente más joven, es fácil ver a hombres integrados en los trabajos de cuidar. Sin embargo, el mayor obstáculo con el que tropiezan mujeres y hombres está en la sociedad de las prisas, en las demandas y los horarios laborales, en los esquemas organizativos de la vida, que priman como méritos muchas otras cosas y relegan al último lugar el valor y el tiempo que se dedican a cuidar.

Por eso es necesario, hoy más que nunca, que recordemos que no somos seres autosuficientes. Que un don tan hermoso como el de la palabra es el resultado de tiempo y paciencia de quienes nos han enseñado a hablar. Que tenemos una deuda con las personas que nos han instruido en el arte de leer, de escribir… Que hemos de agradecer nuestra salud en parte a los profesionales de la medicina y la enfermería… ¡Cuántos cuidados imprescindibles para nuestro desarrollo y qué poco valorados! El tiempo y la paciencia están detrás de todos ellos.

Una sociedad bien articulada es la que enfatiza el valor del acto de cuidar, también del autocuidado. Es la que no deja solas a las personas que cuidan, sino que crea fórmulas de apoyo que aporten tiempo y descanso para ellas. Es la que reconoce el derecho a dar y recibir cuidados, considerando el tiempo y trabajo de cuidar como una prioridad social y comunitaria. Es la sociedad que soñamos y por la que peleamos: la sociedad que dice adiós a las prisas.

*El cuidado no es un acto, es una actitud, un modo de ser y
estar. Es la forma en que orientamos nuestro paso por la vida.
Supone existir coexistiendo.*

*Sin cuidados, el ser humano no deviene humano.
Desde el nacimiento hasta el final necesitamos ser cuidados.
No damos y recibimos cuidados: en esencia, somos cuidado.*

*Cuidar genera vínculos: personas cuidadoras y seres cuidados
crecen juntos en la experiencia de dar y recibir atención.
Estos procesos requieren un tiempo tranquilo.*

Capítulo 5

DESCONECTAR: LA VELOCIDAD CREA EL OLVIDO

*Por muy lentamente que os parezca
que pasan las horas, las veréis cortas si pensáis
que nunca más han de volver a pasar.*

ALDOUS HUXLEY

Una de las tareas más agobiantes que impone la sociedad actual a las personas es la de «estar conectados». Si no tienes un móvil, no estás en las redes sociales, no has visto la última serie de Netflix, no eres nadie... Por no hablar de algunas exigencias laborales que plantean a las personas trabajadoras la necesidad de tener abierta permanentemente la conexión telefónica, incluso durante la noche.

Estas demandas nos obligan a estar siempre alerta, pendientes de responder al último *email,* de mantener un lugar relevante en el trabajo, de estar todo el día en disposición de que alguien o algo —un jefe, una aplicación digital o una persona— invada nuestro espacio sin pedir permiso. La frase que más se escucha cuando la gente proyecta sus vacaciones es «Necesito desconectar». Estamos perdiendo el alma, que se mueve despacio. El alma individual y el alma de nuestras sociedades.

¿Cómo hemos llegado hasta aquí? ¿Cuánto hay de obligación y cuánto de voluntario sometimiento en nuestro día a día? ¿Podemos apagar el teléfono cuando estamos comiendo con una persona querida? ¿Es posible vivir bien sin someterse a la dinámica febril de las redes sociales? ¿Qué tal si hacemos la prueba de desconectarnos un fin de semana? (Y comprobamos que no pasa nada…).

En un reciente festival Mobile de Barcelona entrevistaron a varias personas sobre su dependencia del móvil. Ante la pregunta de si preferirían prescindir un par de semanas de su teléfono o de su pareja, la mayoría de las personas entrevistadas respondieron sin dudarlo que se quedaban con el móvil…

Vivimos bajo el síndrome NTD (nos tienen distraídos). Rodeados permanentemente por múltiples distractores, no nos queda tiempo sosegado para relajarnos, para dejar de «estar disponibles» y recluirnos en nuestra intimidad por unas horas. Es más, algunas personas sienten una especie de vacío existencial cuando no se comunican con otras, sea por trabajo, ocio o simplemente por el hecho de no estar solas. En las generaciones más jóvenes, esto se hace especialmente agudo. Muchos chicos y chicas no han desarrollado otra experiencia que la de estar conectados, así que perderla les produce un gran desasosiego. ¿Es éste el mundo que conviene a las generaciones que han de tomar el reemplazo en nuestras sociedades? ¿Para cuándo queda la reflexión lenta, la construcción paciente de conocimientos, el disfrute demorado de la belleza de un paisaje?

Salvo que seamos bomberos o trabajemos en urgencias, en general *estar conectado es más un sometimiento voluntario que una obligación.* No depende de nosotros que se pulse o desconecte el botón que controla el agua o la energía de nuestra ciudad. No somos tan imprescindibles como nos creemos. No hay ningún negocio que no pueda esperar. Llegar al final del día y dormir sosegadamente (sin pastillas) es fundamental. Sin embargo, en nuestro país ostentamos el primer puesto del mundo en el consumo de medicamentos para tratar la ansiedad y el insomnio, un título con el que hemos dejado atrás incluso a Estados Unidos, que tenía el récord. Acostarse inmediatamente después de ver la televisión es hacer oposiciones a un mal sueño. Lo mismo ocurre con el móvil y el ordenador. Las pantallas no son para la noche y, aunque lo sabemos, nos resulta imposible renunciar a los últimos minutos de entretenimiento, a la serie de Netflix, a esa miradita a los correos...

Dice Milan Kundera en uno de sus libros que «la velocidad crea el olvido». Nada más cierto. Cuando aceleramos, entramos en una nueva dimensión en la que el tiempo nos derrota. Una especie de exilio de nuestra calma, que se convierte en un fantasma. Lo que toca ya no es cultivarla, vivir atentos el presente, sino correr, correr relegando por un tiempo, que puede ser largo, todo lo que no sea el objetivo de esa carrera. La mayor parte de nosotros hemos experimentado esa sensación cuando nos hemos visto metidos en situaciones de estrés laboral, de ir pasando de un proyecto o un lugar a otro sin parar. Entonces lo verdaderamente importante (la familia, la salud, los afectos...) pasan a ese territorio de lo que queda velado por las prisas. En esas situaciones, frecuentemente perdemos la capacidad de concentración y aparece el olvido, real e involuntario, resultado de ese parloteo de Facebook, Twitter, mensajes, notificaciones... Las noticias saltan en el móvil a cada momento y las leemos como si la solución de lo que cuentan dependiese de nosotros.

Estamos despreciando el don de la palabra hablada y escuchada. Un don que, cuando se pone en juego, es capaz de revelarnos aspectos de otra persona que nos permite mirarla de un modo más auténtico. Hace falta amor por la palabra, respirar hondo y decir en alto quiénes somos, escuchar quién es el otro o la otra. Es fácil ver a parejas o amigos que salen a tomar algo y están cada uno a un lado de la mesa mirando su móvil, mientras la palabra hablada duerme y el silencio es un espejo de la lejanía.

Entre los más jóvenes, los wasaps sustituyen a una llamada de teléfono o un encuentro personal. Incluso es habitual que, cuando están en grupo, se comuniquen por wasap con alguno de sus colegas presentes. En las oficinas, también en las pequeñas, hay gente que deja de levantarse para decirle algo a un compañero y prefiere enviarle en *email* o un mensaje por no hablar. Esta realidad hace nuestro mundo más pobre, porque los dones del habla y de la escucha son regalos de la vida que han permitido que la humanidad avanzase humana y socialmente. Estamos siendo fagocitados por un sistema tecnológico que nos convierte en una pieza más de la maquinaria. Se nos impone «estar al día», pero el día cambia muy velozmente y esa pretensión nos lleva a una ocupación constante, agotadora.

Éstas no son las únicas amenazas a un uso amable del tiempo. *Hemos enfermado colectivamente de una enfermedad llamada estrés, que oculta una usurpación y un secuestro.* La economía y sus reglas han usurpado las prioridades de nuestras vidas al convertirnos esencialmente en productores y consumidores. Y esa forma de vida amenaza con secuestrar nuestro tiempo (si es que no lo ha hecho ya). Las dificultades y obstáculos para una vida de familia o el desarrollo de una vocación crecen al ritmo de las demandas y horarios laborales. Y muchas veces lo único que somos capaces de hacer al final de la jornada es tumbarnos en un sofá y ver lo que la televisión quiera contarnos.

Como productores, se nos impone una lógica que consiste en correr, en hacerlo todo en el mínimo tiempo posible. De ese modo, nos resulta imposible detenernos y disfrutar en los procesos, estamos condenados a pensar solamente en los productos, el objetivo final. Esto convierte muchos trabajos en una interminable carrera sin sentido. Detenerse en los procesos significa vivirlos disfrutando de lo que hacemos. Pero la prisa impuesta para obtener los productos nos impide ser felices en el aquí y el ahora, que se esfuman entre el ruido interno de lo urgente.

Así que *la desconexión es, en estos momentos, un acto de rebeldía*. Desconectar es recuperar un espacio de vida para que el ahora no pase rápido, sino que se viva con los cinco sentidos. Así se convierten en experiencias únicas momentos y situaciones que podríamos vivir sin pena ni gloria: la escucha atenta que damos a un colega, el disfrute de una obra musical, las horas de conversación con nuestros seres queridos…

Desconectar de la tecnología, los wasaps, las redes sociales, no es tan difícil. Siempre se puede comenzar poco a poco, hasta llegar al momento feliz en el que aprendemos a ser sus dueños y no sus súbditos. *Todo comienza por aceptar la presencia del silencio, que es la mejor de las músicas, la que siempre sintoniza con nuestro yo más profundo*. Tememos el silencio porque habla, en él aparece la voz interior que nos dice cosas que a veces no queremos escuchar. Hay demasiado ruido en nuestras ciudades, pero, en ocasiones, no es nada comparado con el ruido que necesitamos para no escuchar a nuestro corazón. Ésa es la verdadera causa que nos ata a tantos distractores: no querer mirar hacia atrás y recordar, no querer reflexionar y tener que tomar decisiones difíciles, temerle tanto y tan intensamente a la soledad…

Sin embargo, cuando nos detenemos y experimentamos esos pequeños retiros de la vida cotidiana que nos concede la vida, cuando apagamos nuestros altavoces internos, todo cambia dentro y fuera. En esos instantes, cortos o largos, los problemas personales son asumidos conscientemente como una parte de nuestra historia que necesita ser iluminada. Cuando hacemos un trabajo creativo sin ruido alrededor, perdemos la noción del tiempo. Si nos concedemos el gusto de soñar en silencio, la vida toma otro color. *Desconectar es permitir que entre la luz y, con ella, la lucidez…* La desconexión supone un momento de serenidad que tiene mucho de alegría, la de reencontrarnos con nuestro yo profundo y aceptarlo.

Cuando Al Pacino, en la película *Perfume de mujer,* hace el papel de ciego, hay un momento en el que saca a bailar a una chica que se excusa porque está esperando a su novio. El ciego Al Pacino consigue bailar con ella un tango tras afirmar que «en un momento se vive una vida». Y así es, cada día se compone de momentos que podemos convertir en aburrimiento, escapismo conectado o un trozo de auténtica vida. Esto no requiere estar permanentemente desconectados, sino saber cuándo y en qué circunstancias queremos ser dueños de nuestro tiempo y disfrutarlo como ese tango irrepetible.

Al principio, la desconexión de la tecnología parece imposible, entre otras cosas porque estamos muy bien dejando que nos entretengan todo el tiempo con llamadas, anuncios, historias... Así que ese acto de rebeldía tiene que comenzar humildemente, rescatando algunos momentos que deseamos vivir en plenitud. Algo tan sencillo como quitarle la voz al móvil cuando nos reunimos a charlar con alguien es una buena forma de empezar. También lo es pasar un tiempo cada vez mayor sin participar en las redes sociales o ver la televisión, descubrir el placer del *dolce far niente,* el no hacer nada. En el que, por cierto, suelen surgir las mejores ideas.

Y es que otra de las cosas que nos lleva a estar conectados es la necesidad de estar siempre ocupados haciendo algo. El no hacer, el *wu wei* del taoísmo, ha perdido su aura, es visto como algo improductivo en una sociedad en la que mover la maquinaria productiva es lo más importante. Decía William Shakespeare que «el pasado es un prólogo», indicando que nos queda por escribir el libro de nuestra vida. Una metáfora perfecta para ser plenamente conscientes de como «escribimos» cada momento presente.

Desconectar del trabajo es a veces imposible, pero una cierta serenidad interna en los momentos de pausa puede hacerlo más llevadero.

Las máquinas y las computadoras han invadido nuestro mundo y, en lugar de someterlas, han terminado por devorarnos en la medida en que somos nosotros los que vamos incorporando su lógica: *eficiencia y rapidez.* Tanto es así que ya laboralmente esos criterios se han impuesto por encima de cualquier otro, haciendo que muchos trabajos pierdan la pizca de creatividad que ofrecían.

Y la eficiencia está bien, hacer una tarea en el menor tiempo posible hace rentable nuestro trabajo. Pero *más importante que la eficiencia es la pertinencia,* saber si lo que hacemos es pertinente en el momento y el lugar en los que se desarrolla nuestra actividad. Porque, cuando adoptamos las pautas temporales de una máquina, sin darnos cuenta nos vamos separando de las acciones esencialmente humanas. Así, una joven ejecutiva asume que no puede tener hijos porque ello echaría por tierra su carrera profesional (algo muy probable en el mundo real...), o una enfermera vocacional que disfruta dando cuidados termina la jornada frustrada porque la escasez de personal la ha tenido todo el día corriendo sin poder mirar a la cara despacio a los pacientes.

Con todas las dificultades que ello conlleva, tenemos que aprender a decir NO. Un colega mío dice que esa corta palabra –NO– es una frase y una declaración de principios. Y, en efecto, aunque lo endulcemos con disculpas, aunque sea algo parcial y corto, un NO a tiempo ante determinadas propuestas nos evita encadenarnos a proyectos y compromisos que nos pesarán como una hipoteca. Y libera nuestra vida para poder seguir combinando trabajo y ocio razonablemente. Este aprendizaje va de la mano de un cierto abandono de nuestro ego. La mayoría de las veces aceptamos lo que nos proponen porque hace que nos sintamos importantes, incluso imprescindibles...

¿Hacia dónde nos conduce la caminata de una cierta y saludable desconexión? Guardo en mi biblioteca un pequeño libro de Paul Watzlawick que leí hace años. Todavía recuerdo algunas de sus apreciaciones, como la que nos advierte que *todo lo que se desarrolla, crece y florece, procede por pasos cortos.* Los antiguos sabios orientales expresaban esta misma idea con otra hermosa frase: *la más larga caminata comienza con un paso.* Podemos comenzar por pequeños gestos en defensa de nuestros tiempos y de la forma en la que los usamos y compartimos. La partida nunca está perdida…

Si queremos orientar nuestra vida en esa dirección, descubriremos que desconectarse por momentos, largos o cortos según los casos, no significa no estar en este mundo, no supone no hacer cosas, sino saber cuándo hay que usar la tecnología y cuándo necesitamos visitar el silencio, acallar los movimientos compulsivos de la mente, recuperar el sosiego o la palabra… Si nos embarcamos en ese camino con cordura, nuestra vida se hará más plenamente humana, habremos comprobado que *el tiempo es libertad y que, cuando algo o alguien secuestran nuestro tiempo, nos están quitando libertad.*

*Vivimos bajo el síndrome NTD (nos tienen distraídos),
rodeados de múltiples distractores. Estamos perdiendo
el alma, que se mueve despacio.*

*El tiempo de calma y silencio es cada vez más limitado.
En gran parte de los casos, estar conectado es más
un sometimiento voluntario que una obligación.*

*La desconexión es, en estos momentos, un acto de rebeldía…
Es permitir que entre la luz y, con ella, la lucidez.
Necesitamos defender nuestros espacios de paz y descanso,
aprender a decir «no».*

Capítulo 6

CULTIVAR LA QUIETUD INTERIOR

*Dentro de ti hay un sitio silencioso e inviolable
al que puedes retirarte en cualquier momento
para ser tú mismo.*

HERMANN HESSE *(Siddhartha)*

Unos amigos míos vivieron hace años una experiencia que no se me ha olvidado. Él es médico intensivista de los que trabajan en la UCI atendiendo a los enfermos que corren más peligro. Ella es traductora, trabaja desde la hermosa casa que ambos tienen en Galicia, en la que pude presenciar una escena que ahora recuerdo.

Las alfombras flotaban sobre el agua como barcos; las sillas y los muebles parecían estar en remojo y toda la casa se había convertido en algo más cercano a un lago que a la tierra firme. La rotura de una cañería era la culpable.

No es fácil afrontar un hecho así cuando llegas de la calle y esperas relajarte en tu vivienda. Elena, mi amiga, reaccionó echándose a llorar. Pero Miguel, su marido, la consoló con una frase que para mí fue un aprendizaje:

—Elena, la única situación realmente grave es la de estar conectado a un respirador.

Después, con alivio y paciencia, las cosas se fueron arreglando y hoy la casa sigue en pie, con alfombras nuevas, eso sí, pero tan acogedora como siempre.

¿Qué he querido decir al poner en alto esta historia? Que *existe, en determinadas circunstancias, una prisa necesaria* que se manifiesta en momentos concretos, cuando no cabe quedarse esperando y hay que resolver problemas de importancia. Pero que es esencial, aun en esas ocasiones, tener presente el mensaje que Miguel envió a Elena: *no perder la quietud interior.*

¿Con qué frecuencia nos suceden a nosotros cosas parecidas a las de esta historia? ¿Cómo las abordamos? ¿Somos capaces de relativizarlas, de incluir en su análisis una dimensión del tiempo larga sin que nos arrolle el instante?

Con frecuencia, dicho metafóricamente, nuestras alfombras se nos inundan varias veces al día, cada vez que tenemos que entregar un trabajo para anteayer, cuando corremos agobiados porque no llegamos a una cita, o en esos momentos en los que se nos exige más de lo que podemos dar... En tales situaciones, los latidos de nuestro corazón aumentan, la musculatura del cuello se tensa y nuestro cuerpo genera descargas de adrenalina, noradrenalina y cortisol, las hormonas del estrés...

Lo peligroso de estas situaciones es el modo en que el estrés influye en nuestro estado psicológico y nuestra salud, ambos muy relacionados. Aparecen las migrañas, las noches de insomnio, la subida de la tensión arterial. Deepak Chopra, un endocrinólogo hindú/norteamericano, lo explica con una sencilla frase: *Un mensaje no es una cosa, pero tu cuerpo lo procesa como una cosa.* En efecto, los mensajes de estrés de nuestro cerebro se transforman en algún lugar del cuerpo en dolencias. Somatizamos el mal de la prisa y acaba convirtiéndose en trastornos físicos, incluso enfermedades.

Necesitamos otra sensación interior que nos proporcione paz, que se mantenga incluso en medio de las prisas, de esos estados de alerta tan frecuentes en la vida actual. La cronobiología, es decir, la biología de los ciclos y ritmos biológicos de los seres humanos, nos enseña que *el cuerpo tiene una música interna que podemos y debemos sintonizar para llevar una vida feliz y saludable.*

¿Cómo hacerlo? Todos sabemos la teoría, pero frecuentemente se nos pone difícil practicarla: dormir bastante y en un ambiente tranquilo; comer despacio, sentados (también en el desayuno); reír y abrazar todo lo que sea posible; escuchar de vez en cuando una música lenta; respetar y hacer respetar nuestras pautas de descanso… Todas estas recomendaciones aluden a la forma de programar nuestro día a día. Pero ¿qué hacer cuando las cosas se rebelan, los proyectos no salen, el autobús que nos lleva al trabajo no llega, hemos suspendido esa prueba que tanto habíamos preparado…? En esos casos no podremos impedir que el cuerpo nos mande una primera señal de disgusto, sin embargo, podemos modularla para que no nos invada si sabemos mantener la calma interior.

Eso puede lograrse, pero requiere un entrenamiento. En primer lugar, aprendiendo a relativizar lo que nos ocurre, a valorarlo en su justa medida. También practicando estados de vigilia en los que cultivamos la paz y la serenidad. Quienes meditan regularmente saben hacerlo; todo consiste en asomarse a un tiempo propio más lento, detener los pensamientos que nos parasitan y cambiar de actitud.

La quietud interior no significa pararnos físicamente. Es algo que nos acompaña vayamos adonde vayamos, en todas las circunstancias. Es el resultado de nuestra reconciliación con el silencio que habla, con la conversación interna que nos construye, con la calma que aquieta el ruido de la mente... El problema es que tememos esos momentos porque en ellos aparece el silencio y con él algunas preguntas que nos interpelan, destellos de lucidez que señalan los caminos erróneos, incitaciones al cambio que nos llenan de miedo...

Es con esos materiales con los que tenemos que construir, paso a paso, la quietud. En un proceso lento y no exento de riesgos, pues, como digo, todo lo que surge en medio del silencio puede complicarnos la vida. Por eso muchas veces preferimos rodearnos de ruido, de movimiento, para que nada nos cuestione.

Hay un momento crítico en el que los humanos nos vemos al desnudo. En algunas personas es el instante antes de acostarse, cuando nos miramos al espejo del cuarto de baño y descubrimos las nuevas arrugas, el cansancio en nuestro rostro. Ahí, frecuentemente, surge un atisbo de reflexión y lucidez: ¿estoy viviendo como quiero vivir? ¿Estoy conforme con esta persona que veo en el espejo...?

La construcción de nuestra historia personal pasa por responder a estas preguntas. A veces no podemos resolverlas como querríamos, no está en nuestras manos. Pero siempre podremos entrenarnos para convivir con ellas haciendo de nuestras vidas una experiencia amable y armónica. Movernos en esa dirección requiere voluntad y tiempo. Existen muchas vías y métodos para aprender a relajar la mente y el cuerpo: el yoga, la meditación, los largos paseos por la naturaleza, el control mental, la conversación frecuente con una persona amiga o un profesional… Porque lo cierto es que, aunque estemos rodeados de ruidos, es posible acallarlos recurriendo a un sencillo secreto: *contraponer al ruido nuestra quietud interior, esa tranquilidad del alma que es un tesoro.*

El silencio, cuando lo cultivamos, es la forma más completa de autoconocimiento, también de equilibrio y templanza ante la vida. Humaniza nuestros actos y nos revela las ocultas razones del corazón que la mente se niega a procesar. Nos compromete, pero también es valiente, creativo y audaz: está al acecho de las oportunidades, nos muestra vías únicas e irrepetibles para estar en paz con nosotros mismos.

Abrirle paso al silencio es el primer tramo del camino hacia la quietud. El silencio nos enseña a estar solos, nos muestra nuestra propia luz, se convierte en un oasis habitable en medio del desierto de dudas, impulsos, miedos con que abordamos la construcción de nuestro yo. Y todo ello desde la fragilidad y la escasez de recursos personales que a la mayoría de nosotros nos afecta. Para acoger la realidad tal cual es, dejando que el tiempo y el sosiego crezcan con el trabajo cotidiano, la paciencia y la escucha.

En este proceso, los valores más importantes son el tiempo y la lentitud. Para que la paz y la calma se asienten en nuestro centro vital, el camino ha de hacerse lentamente, dejando que nuestra potencialidad esencial emerja para hacerse cargo de la parte más luminosa y también de las sombras de nuestra vida. Oscilando entre lo estable y lo que cambia, atisbando entre nieblas el cumplimiento de nuestro propio destino.

El silencio y la quietud interior aportan consciencia a las experiencias que se dan en nuestro devenir diario, tanto si son alegres como si traen tristeza. Y nos enseñan a vivir la soledad, cuando llega, no como una carga, sino como el primer paso de la apertura a lo incierto, de la innovación como un desafío, de una revelación que esperaba su tiempo. También, en ciertas situaciones, como una conquista que nos regala espacios de reflexión, serenidad, hallazgos y propuestas.

En el día a día, la palabra es el complemento perfecto y necesario del silencio. Como el yin y el yang, ambos forman parte del arte de hablar y de la escucha. Así como es imposible componer un concierto o una sinfonía sin silencios, así también la dicha se alterna con momentos de desabrigo en los que nuestra alma queda a la intemperie. En ese escenario, conciliar la serenidad con el vértigo no se consigue en un día, más bien se acepta tratando de mantener la quietud, sin olvidar que lo propio de la vida no es el equilibrio, sino la tensión y el cambio.

Por eso la templanza de nuestra mente y nuestro espíritu necesita de una cierta elasticidad, de resiliencia para aceptar las presiones del entorno y darles forma, modularlas de tal modo que, aun en momentos de oscuridad, nos permita no perder de vista la luz que nos acompaña.

Perseverar en la quietud es una constante que está presente en el pensamiento oriental tradicional, el hinduismo, el taoísmo, el budismo… En Occidente tratamos de aprender las reglas y procesos milenarios con los que los sabios orientales traspasaban cualquier soledad infranqueable, cualquier dolor, hallando la solución en su propio ser al abrazar la calma profunda como respuesta. Es especialmente relevante de estas prácticas la ceremonia del té que los japoneses realizan desde hace siglos como exilio de los ruidos, las preocupaciones y las llamadas de los sentidos.

El primer apóstol del té fue, según parece, Lu Wu, un poeta que, a mediados del siglo VIII, se hizo consciente del valor ceremonial del servicio del té, al encontrar en él el orden y la armonía propios de la vida natural. Escribió una amplísima obra, el *Ch'a Ching*, que está considerada como la biblia del té. Tras una larga evolución y penetración de principios taoístas y zen en estos rituales, en el siglo XV se consolidó en Japón la ceremonia del té.

Hace más de un siglo, Kakuzo Okakura, un japonés culto y sensible, conocedor profundo de su cultura y también de la occidental, decidió establecer puentes de comunicación entre ambas. Convencido del valor universal de la ceremonia del té, escribió un tratado sobre sus orígenes, el modo en que fue evolucionando, y la forma en que se fue convirtiendo en un rito social que tiene algo de sagrado. Sus enseñanzas se recogen en *El libro del té*. En él nos habla del acto de tomar un sorbo de té en el espacio reservado a ese ritual para sumergirnos en la mágica sencillez de las pequeñas cosas y conquistar la paz interior.

El té se convirtió en Japón en una metáfora del arte del buen vivir, del culto a la pureza y al refinamiento. Un arte en el que no caben las prisas. La ceremonia de compartirlo se orienta a que tanto el anfitrión como los invitados consigan un estado de recogimiento en el que el tiempo se detiene. Para, desde ahí, captar la grandeza que está presente en los detalles mínimos de la vida cuando se hacen lentamente, con atención, y alcanzar una vivencia interior de aquietamiento de los sentidos.

El salón de té –el *sukiya*– es generalmente un reducido habitáculo con capacidad para recibir a unas cinco personas. Está precedido de una antecámara –*misuya*– en la que se lavan los utensilios necesarios para el servicio de la bebida. Son importantes también el vestíbulo en el que los invitados esperan a ser recibidos –*machiai*– y la galería o tránsito que conecta el *machiai* con el salón.

Caminar despacio y en recogimiento por el *roji*, el sendero o camino que atraviesa el jardín para llegar al salón de té, es un ejercicio preparatorio, un primer momento de la meditación que sirve para ir dejando atrás todas las ataduras con lo mundano y entrar en estado interno de calma.

Los invitados se ponen de acuerdo en el vestíbulo sobre el orden de acceso; después van cruzando la puerta en silencio. El anfitrión entra al final, cuando están todos en sus lugares respectivos. El silencio sólo se rompe con el sonido cadencioso del agua que hierve en la tetera. En ese espacio, se trata de que nada esté repetido. Su simplicidad hace de este recinto una especie de santuario en el que, alejadas las preocupaciones de la vida diaria, olvidados los relojes, los participantes se consagran a una elevación del espíritu y la contemplación de la belleza. Una ceremonia así puede durar hasta cinco o seis horas.

He querido detenerme en esta historia para recordar de qué forma tan sencilla una persona puede adentrarse en la búsqueda de la quietud interior. En Occidente nos cuesta trabajo estar reunidos en silencio, pero la experiencia de los grupos de meditación, yoga, retiros espirituales… está floreciendo cada vez más y abre caminos que, como en el caso del té, sólo requieren un espacio de silencio demorado y un clima de sencillez en el que nadie tenga prisa.

Los maestros de té eran valorados por su arte de barrer, lavar y fregar los utensilios. En Occidente bien podríamos comenzar a enamorarnos de toda la belleza, riqueza y enseñanzas que esconden la sencillez y la paz. Y a reconciliarnos con el silencio. Por ahí se abriría paso esa quietud interior que nos es tan necesaria. *El secreto es parar y concedernos tiempo.*

Nuestro cuerpo tiene una música interna que podemos y debemos sintonizar. La quietud interior no significa pararnos físicamente, sino vivir desde un ritmo interno más lento y sosegado.

Aunque estemos rodeados de ruidos, hagamos lo que hagamos, podemos mantener la quietud interior.

El silencio, cuando lo cultivamos, es la forma más completa de autoconocimiento, también de equilibrio y templanza ante la vida.

Capítulo 7

EL ÉXITO Y EL INSOMNIO COLECTIVO

El dinero no es la clave del éxito;
la libertad para poder crear lo es.

NELSON MANDELA

Con ocasión de la entrega del Premio Pritzker en 2016 al arquitecto chileno Alejando Aravena, algunos periodistas le preguntaron qué era para él el éxito. Su respuesta fue corta y contundente:

«No consiste en llegar lejos, sino en llegar acompañados».

Con esa sencilla frase, Aravena estaba desmontando la idea de éxito que existe en nuestro imaginario colectivo, esa que gira en torno a la fama, el dinero, la relevancia social… La que nos hace correr, hipotecar nuestro tiempo, en tantas ocasiones. La responsable de que presumamos de tener las agendas muy llenas, de estar viajando siempre de un lugar a otro, de trabajar en más proyectos de los que podemos abarcar…

Algunos pensamos que esa forma de enfocar la vida es un espejismo, conduce a una actividad insana y nos hace esclavos de la prisa. ¡Cuántas fatigas para dejar de ver lo cercano y poner el punto de mira en el sacrificio por medrar, por tener un reconocimiento profesional! ¡Cuántas escaladas infinitas al cénit de los deseos para comprobar que allí no había nada que nos sostuviera y después derrumbarnos! Los artistas conocen bien este proceso, también los deportistas. No es infrecuente que, en la cúspide de la fama, alguno de ellos decida abandonar, abrumado por el esfuerzo de imponerle a su cuerpo y a su mente unos ritmos acelerados y una presión imposibles de soportar.

Últimamente hemos visto algunas dimisiones de deportistas de élite que dan cuenta de algo que aprendemos generalmente tarde: *el éxito es un impostor que, si no lo sabemos manejar, puede dañar seriamente nuestras vidas.* Puede hacernos esclavos del miedo a no dar la talla permanentemente y con eso alterar las pautas naturales del ser humano. En ocasiones, nos tiene corriendo de continuo como si la meta en la vida fuese llegar siempre los primeros o ser el muerto en todos los entierros.

En los Juegos Olímpicos de Tokio 2020, Simone Biles, gimnasta estadounidense de 25 años, dejó boquiabiertos a sus preparadores cuando decidió retirarse de la final por equipos y explicó lo siguiente: «Tengo que concentrarme en mi salud mental. Simplemente creo que la salud mental es importante en los deportes en este momento. Tenemos que proteger nuestras mentes y nuestros cuerpos, y no sólo salir y hacer lo que el mundo quiere que hagamos».

Y aquí, entre nosotros, la experiencia de Martín Bouzas es igualmente significativa. Un jovencísimo ciclista profesional gallego, nacido en 1997, tres veces campeón de España de Contrarreloj, se paró a reflexionar y vio claro que la excesiva presión en la que vivía le resultaba difícil de gestionar y comprometía su estado de ánimo generándole ansiedad: «Uno de mis problemas fue no saber desconectar. No estaba en el momento presente. Explotaba porque no sabía desconectar». Así que decidió retirarse del ciclismo profesional a los 22 años y ponerse a estudiar.

Estos casos hablan, por supuesto, del éxito como objetivo, de situaciones en las que ganar, pasar por delante de otros, destacar, se convierten en la guía más importante de nuestros actos a costa casi siempre de despreciar las consecuencias del estrés y la prisa. Son ejemplos que describen formas de vivir que confrontan a los seres humanos con su fragilidad, incluso con el desconsuelo. En esos casos siempre aparece en juego el valor del tiempo, de la tranquilidad en sus vidas.

Hablo del éxito que nos sitúa cerca de las estrellas, que consiste aparentemente en tocar el cielo con las manos… No obstante, *existe otro éxito que no es un impostor,* y que, por ser menos relevante socialmente, solemos identificar con la suerte: el éxito del trabajo bien hecho; la satisfacción del cirujano que salva una vida al operar; el placer de haber creado algo bello en el campo del arte; la alegría de la científica que consigue diseñar una vacuna… Pero también la buena marcha de nuestra pequeña empresa a base de tesón y valentía; la felicidad de trabajar en algo que nos gusta y hacerlo lo mejor que podemos; la experiencia de buscar la luz en medio de las tinieblas y encontrarla…

El verdadero éxito, el que construye y no destruye, es una manifestación interna de lucidez y cordura. Requiere que la persona sepa manejar los tiempos, saber cuándo es preciso concentrarse y echar horas de trabajo a un tema y cuándo debemos descansar, concederle al cuerpo y a la mente el sosiego necesario. En las ocasiones en que operamos así, equilibrando la velocidad con el descanso, nos reconocemos en nuestra identidad y experimentamos la sensación de caminar serenos por la vida. Todo ello requiere siempre atención y paciencia.

Los artistas saben mucho de este regalo invisible que es la inspiración. Ella resulta indispensable para crear una obra de arte y, sin embargo, no es suficiente por sí sola. Ha de estar acompañada por la constancia, las largas horas de trabajo, el manejo de los tiempos en la espera, que puede ser larga. Esa inspiración puede ser experimentada por cualquier ser humano, sea cual fuere su actividad, que se siente feliz al imaginar y crear algo nuevo o resolver un problema que parecía irresoluble.

No es fácil conseguir ninguna de estas formas de éxito, ni las más sonoras ni las anónimas, en medio de la sociedad de las prisas, cuyos fines, en primera instancia, no son la realización humana y espiritual de las personas. Hoy más bien lo que se espera de nosotros en el espacio común es que funcionemos como piezas bien ensambladas de un sistema con objetivos esencialmente económicos. En este entorno, es difícil que encontremos tiempo disponible para que nuestro mundo interior se mantenga sereno, para el proceso de profundizar en las riquezas de la vida, para escucharnos despacio y responder con honestidad a la pregunta de qué querríamos hacer con nuestros días y nuestras horas si fuésemos sus dueños.

Con cierta frecuencia, los estudiantes universitarios se quejan de falta de tiempo para llevar adelante sus proyectos. Ahí están presentes los «ladrones de tiempo», toda esa actividad de estar conectados que los impide apaciguarse para lo realmente importante. Lo que resulta curioso es que quienes se lamentan no suelen ser los que compaginan trabajo y formación, sino aquéllos cuya única tarea en la vida es sacar adelante unos estudios.

Cuando se me plantea alguno de esos casos, suelo hacerle a cada uno esta pregunta: *Para ser feliz, ¿tú cómo te sueñas?* Entonces aparecen vocaciones frustradas, dones aplastados por la rentabilidad económica de ciertas carreras frente a otras que «no tienen salidas». En esas conversaciones emergen sus anhelos e ideales, pero también se hace evidente que no hemos sabido enseñarles a gestionar sus elecciones y sus horarios, ni los hemos entrenado para el esfuerzo y para decir «no» a aquello que interfiere en sus proyectos de vida.

Tampoco les hemos ayudado a explorar y conocer su mundo interior y sus dones. Creo que, como sociedad, debemos estimularlos para tener éxito en la vida haciendo aquello para lo que están dotados. Todo el mundo tiene alguna capacidad distintiva. La tarea nuestra es descubrir esas capacidades y ayudarles a cultivarla. Pero es indispensable que aprendan a manejar los tiempos, que los combinen con el esfuerzo. ¿Lo estamos haciendo? ¿Podremos acompañar a las generaciones jóvenes hacia su bienestar individual y colectivo, para que sepan manejar (y defender) su serenidad en medio de tanto ruido? Está en juego su éxito vital.

Y es que vivir el presente con sosiego en nuestras sociedades se ha convertido en la hazaña de unos pocos, mientras la mayoría va y viene, produce y consume, sumergidos en *un insomnio colectivo, es decir, en una ausencia de sueños.* En medio de ese panorama, el éxito impostor aparece por todas partes, en el programa de televisión que los hará famosos, en la escalada dentro de la empresa caiga quien caiga… Obviamente, la cuestión no está en salirse de la realidad, sino en *hacernos conscientes en cada momento del tipo de persona en que nos vamos convirtiendo* cuando esos éxitos comienzan a apropiarse sin medida de nuestros días y horas, superponiéndose y ahogando los verdaderos fines de nuestra vocación o nuestra historia personal.

Por eso, dejar de correr tras el éxito es una saludable experiencia de mesura que no impide que el reconocimiento o el logro de nuestros objetivos nos alcance. Simplemente echa a andar los ritmos vitales de control para que no nos haga perder las riendas de nuestra propia vida.

Hay algo importante que diferencia a las personas con éxito vital, interno, frecuentemente seres anónimos. Es la conciencia clara de *no tener nada que demostrar.* Vivir desde esas coordenadas libera de una enorme tensión, es una vía para relajarse. Es fácil encontrar a muchas gentes así. Se las distingue porque no son muy perfeccionistas y tampoco tratan de forzar las situaciones a su favor. Simplemente dejan que las cosas ocurran con el talante que lo haría un marinero: sin abandonar el timón, pero sabiendo que, en altamar, nadie contempla ni aplaude tus hazañas.

La gran paradoja es que necesitamos llegar a la jubilación y hacernos mayores para reapropiarnos de nuestro tiempo. Al dejar la oficina, la fábrica, el despacho, experimentamos una vivencia que para algunos resulta inédita: *vivir al ritmo que marca nuestra naturaleza, es decir, manejar el timón del tiempo.* Entonces queremos hacer todo lo que no pudo ser en su momento: el taichí, el pilates, las partidas de ajedrez, la informática… Y volamos de un lugar a otro sintiendo que la vida nos ha dado un respiro. Conozco personas mayores que están más atareadas que sus nietos; la diferencia es que ahora son ellas las que gestionan sus horas, pueden parar en cualquier momento, concederse un descanso. También porque, felizmente, ya no tienen nada que demostrar.

Y, en medio de los jóvenes que se asoman a la vida y de los mayores que la van dejando atrás, nuestras sociedades hipotecan con demasiada frecuencia la historia personal de ese gran contingente de adultos trabajadores cuya vida personal vale muy poco para su empresa, se sacrifica a diario en aras de la eficiencia del conjunto. Necesitamos que colectivamente se dejen de despreciar el tiempo y los ritmos vitales de muchos hombres y mujeres que se pasan el día corriendo. Es preciso un replanteamiento de los horarios y la duración de las jornadas laborales para hacerlas compatibles con la vida personal y familiar. Seremos mejores sociedades si se favorece la calidad del tiempo de trabajo y se respetan las pausas temporales en las condiciones que necesita cualquier humano. Y si se dotan los empleos de un salario apropiado que no haga necesario tener dos o tres actividades para vivir dignamente.

¿Una utopía irrealizable? No. Simplemente ése puede ser el éxito colectivo de nuestras sociedades: gente que puede dejar de correr para mirar al mundo despacio, con ojos alegres y esperanzados. Está al alcance de la mano si nuestros pasos individuales y colectivos son firmes en esa dirección. ¿Por qué no intentarlo?

El éxito centrado en la fama, el dinero, la relevancia social,
puede ser un espejismo que nos haga esclavos de la prisa.

Existe otro éxito vital: el del trabajo bien hecho, la creación
de algo bello, la experiencia de amar y ser amados.
Cultivarlo requiere dedicarle tiempo.

Cada persona elige (si puede). Al hacerlo, entran en juego
la lucidez, la cordura, los dones específicos
que nos ha dado la vida… Y se abren las puertas
al cumplimiento de nuestros sueños.

SEGUNDA PARTE

LA SOCIEDAD DE LAS PRISAS

Capítulo 8

CONTRIBUIR AL CAMBIO NECESARIO

En una situación de riesgo, si hacemos algo,
podemos perder. Pero, si no hacemos nada,
estamos perdidos
PINTADA ANÓNIMA

Según vamos viendo, cambiar no es fácil, pero resulta imprescindible. Como sociedades, hemos de aprender a vivir de otra manera, a producir y consumir de distinto modo, a ser felices, en suma, sin destruir las bases de nuestra vida. Tenemos que superar esa visión del mundo que ve la naturaleza como una mera fuente de recursos sometida a nuestros designios. No sólo tenemos que aprender a respetar sus ritmos y sus límites. La tarea es eso y mucho más. Es descubrir toda la felicidad y el bienestar personal y colectivo que puede traernos el cambio.

Se impone reconocer que *la cuestión del tiempo, de los ritmos a la hora de producir y consumir, está en el corazón del mayor problema que afronta la humanidad: el cambio climático.* Una emergencia que está mostrándonos la irresponsabilidad con la que hemos actuado hasta ahora.

Y es que hemos llegado a alterar el funcionamiento de la naturaleza no porque consumamos recursos (los bienes de la tierra están en consonancia con los seres vivos que la habitamos). *Hemos desregulado los ecosistemas naturales porque los explotamos a más velocidad de la que pueden reponerse.* Hemos contaminado la atmósfera, los mares, los suelos, no porque no podamos *generar desechos,* sino porque lo hacemos *a más velocidad de la que la naturaleza puede asimilarlos.*

La huella ecológica de los países que nos llamamos desarrollados es, en algunos casos, hasta cinco veces más alta de la razonable. Eso quiere decir que estamos consumiendo muchos más recursos naturales que los que el planeta produce. Y a una velocidad que da vértigo. En lo que llevamos del siglo XXI hemos consumido tantos recursos y hemos producido tanta degradación ambiental como en todo el siglo XX.

De esta manera, acelerando cada vez más nuestros impactos en el mundo natural, *hemos desbordado los límites de la biosfera, olvidando que vivimos en un planeta que es un sistema finito.* Y que, en un sistema finito, ningún subsistema (tampoco el económico) puede crecer indefinidamente, a riesgo de comportarse como un cáncer.

Estamos en el Antropoceno, una nueva época geológica y social caracterizada por las consecuencias de la presión de la humanidad sobre la naturaleza. ¿Por dónde comienza el cambio? ¿Por arriba, por los gobiernos? ¿Por abajo, por los pueblos? ¿O tal vez se necesita una reconciliación de dirigentes y ciudadanía en torno a nuevos criterios y valores? Los que nos inclinamos por esta tercera opción pensamos que las tres escalas, macro, meso y micro, son imprescindibles y deben estar articuladas. Ya somos muchos los que nos preguntamos qué podemos hacer a escala individual o comunitaria para atajar esta crisis global y no colaborar a incentivarla.

No pretendo entrar en el «hacer» —cada persona o grupo habrá de encontrar el suyo—, sino más bien sugerir ciertos referentes para tratar de iluminar la reflexión sobre dónde estamos, adónde queremos ir y cómo viajar.

La primera y más importante es que *somos naturaleza. No sus dominadores, ni tan sólo sus cuidadores.* Somos parte de ella, es la matriz de la vida que se manifiesta en cada uno de nosotros. Eso supone aceptar que somos seres ecológicamente dependientes. Nos hace conscientes de nuestra fragilidad. Nos recuerda que *cada fragmento del mundo es también una porción de nuestra propia vida.* Nos anima a cultivar el placer de descubrir, el sosiego de contemplar, la templanza de respetar el flujo continuo de los días y las horas.

Necesitamos reconocer que *los límites del planeta son nuestros propios límites.* Para respetarlos, es preciso que aprendamos, como especie, a coevolucionar con la biosfera, teniendo en cuenta sus ritmos, pautas y restricciones. Y que aceptemos poner límites también a nuestros deseos, aprender a desear. Porque, en las sociedades tecnificadas, deseamos mucho, generalmente mal y a destiempo.

Y esto enlaza con el tema de fondo que estamos abordando: el tiempo. Para cumplir nuestro papel de miembros de la naturaleza en plenitud, necesitamos *reapropiarnos del tiempo,* un bien valiosísimo que nos está siendo secuestrado por las actuales formas de vida. Desde las prisas, el ritmo frenético y desacompasado con que se vive actualmente en las grandes ciudades, es imposible salir adelante hacia una «nueva normalidad». Necesitamos tiempo de reflexión, tiempo para compartir con nuestras familias, nuevos horarios en los centros de trabajo, al estilo de los países nórdicos... Necesitamos urgentemente «vivir para vivir» y no sólo «vivir para producir y consumir».

Reapropiarse del tiempo es una decisión muy difícil de tomar a nivel personal en la mayoría de los casos, porque el gran ladrón de tiempo es el estilo de vida que se ha impuesto en nuestras sociedades. Es necesario que las instituciones que organizan la actividad comunitaria se hagan eco del problema. A nivel personal, en ocasiones algunos podemos renunciar a mayor salario, reconocimiento profesional o social, posibilidades de disfrute..., si aprendemos a *cambiar dinero y relevancia social por tiempo*.

La segunda prioridad para el cambio es recordar que *somos sociedad, que cada uno de nosotros es un ser interdependiente* que necesita de los otros para sobrevivir en un mundo complejo en el que nadie sobra y todos somos protagonistas de la aventura de la vida. Para ello, tal vez convenga compaginar las demandas a «otros» (instituciones, gobiernos...) con nuestro compromiso personal. No estar siempre esperando que las instituciones resuelvan nuestros problemas. Preguntarnos en qué podemos ser útiles a la comunidad de vecinos, al barrio, a la ciudad o el país en que vivimos.

Uno de mis profesores me enseñó algo que nunca he olvidado: *todo el mundo es excelente en algo*. Pero los dones son distintos, ésa es nuestra riqueza y una de nuestras fortalezas. Cada persona puede aportarlos a su comunidad. No somos seres aislados, ni familias aisladas que se amurallan para salir adelante. *Somos nuestras relaciones*. En ellas se manifiesta la forma de ser creativa y cooperativa. Son la base de la convivencialidad.

Compartir recursos físicos y también los intangibles es un modo de relación gratificante. Sentir al otro o la otra como parte de nuestra vida… *La salud es, en gran parte, la salud de nuestras relaciones.* El valor de los afectos es sanador y estimulante, mucho más de lo que nos dicen los anuncios publicitarios para vendernos objetos inútiles.

Y de ahí se deduce la tercera condición para el cambio: recordar que *somos humanos, por tanto frágiles, vulnerables, a la vez que fuertes y resolutivos.* Tenemos necesidad no sólo de bienes materiales, sino de alimentos intangibles y espirituales que den sentido a nuestras vidas.

Aceptar la fragilidad humana supone considerar la situación de creciente desigualdad en la que evolucionan nuestras sociedades. Eso implica tener muy presentes de nuevo los límites de los recursos y plantea la necesidad de compartirlos desde la sobriedad y la sencillez como formas de vida. Necesitamos recuperar la cordura a la hora de proyectar y tomar decisiones en todos los campos. No dejar de lado el valor de lo pequeño y lo sencillo (que no simple). Para, finalmente, hacernos la pregunta *¿cuánto es suficiente?*

Desde esa sencilla interrogante las elecciones cambian, establecemos nuevas prioridades basadas en cooperar o compartir, el cultivo de los afectos, las relaciones gratificantes, el trabajo creativo…

Comenzar a cambiar requiere una gran dosis de lucidez y esperanza para tomar conciencia de la crisis ambiental e histórica en que nos encontramos, para apostar por formas de convivencia basadas en principios éticos y ecológicos, con voluntad e imaginación. El desafío, en estos momentos, es múltiple: pasa primeramente por reconocer que, con el cambio climático, nuestro mundo está enormemente influido por los acontecimientos extraordinarios y por lo muy improbable, algo que históricamente hemos contemplado muy poco y que ahora estamos descubriendo por necesidad. Nos urge *aprender a actuar en escenarios de alta incertidumbre con información incompleta.*

Este intento no es sencillo, tenemos un problema perceptivo: generalmente *ignoramos lo que ignoramos.* Sin embargo, nuestro conocimiento del mundo es muy pequeño, limitado por nuestros sentidos, nuestros instrumentos tecnológicos y nuestra historia. Se impone un cambio hacia la humildad y la prudencia cuando se trata de intervenir sobre sistemas complejos naturales y sociales.

Desde esta forma de percepción de la realidad, *nos hemos confiado demasiado en las evidencias del pasado y hemos contemplado muy poco lo que podría suceder.* Conviene, por tanto, olvidar aquella idea de que lo que no ha ocurrido nunca no va a tener lugar. Estamos viendo cómo se inundan urbanizaciones construidas en los cauces secos de los ríos o en las playas. En nuestras ciudades, nos sorprenden temperaturas que nunca antes habíamos alcanzado. De pronto un tornado nos recuerda que somos vulnerables... Mejor no fiarnos del pasado y aceptar que estamos heridos por la incertidumbre, que los acontecimientos extremos serán cada vez más frecuentes.

En la actual situación, con un sistema global muy afectado por la intervención humana, el pasado y la campana de Gauss han dejado de ser los principales referentes para la toma de decisiones. Necesitamos *aprender a gestionar desde la incertidumbre y la consideración de lo improbable,* sobre todo en la evaluación de los riesgos. Éste es uno de los retos que plantea con urgencia nuestro tiempo.

En segundo lugar, no haremos cambios en las actitudes y las acciones si antes no los practicamos en nuestro nivel de conciencia. Como afirmaba Einstein, *ningún problema puede resolverse en el mismo nivel de conciencia en el que se ha creado.* Necesitamos una conciencia que contribuya a la comprensión de nuestras sociedades como un ámbito de sucesos altamente improbables, algunos irreversibles. Hemos de aceptar que el calentamiento global y la mayor parte de los problemas ambientales no son un continuo lineal, sino que crecen exponencialmente, con todo lo que eso tiene de impredecible (y, en muchas ocasiones, de irreversible...).

Me dirán que esto es difícil, y claro que lo es. El cambio de conciencia, a todas las escalas, *no es un correctivo, es una quiebra de nuestro modelo de pensamiento.* Una quiebra dolorosa y esperanzada a un tiempo. Nos lleva a resituarnos en relación con la naturaleza, a mirar el mundo desde abajo, desde una mirada participativa, no dominadora. Una conciencia expandida, sin fronteras, nos centra más en lo que une que en lo que separa (cuerpo/mente, razón/emoción, persona/naturaleza...). Implica *ver la realidad en términos de relaciones* y no de objetos (o sujetos) aislados. En suma, nos ayuda a *pasar de la simplificación a la complejidad.*

En esta apuesta por el cambio, nos será de gran ayuda *movilizar la imaginación.* Es necesario dar paso a toda la potencialidad creativa del ser humano. Dejar de apoyarnos en las supuestas evidencias del ayer y apostar por el que Paulo Freire llamó *el inédito viable,* algo que nunca ha ocurrido pero que es posible. Para ello, es preciso poner en juego, individual y colectivamente, una imaginación creadora que revitalice, en la vida personal y social, el placer de innovar, de elaborar soluciones sin precedentes para problemas desconocidos. La educación tiene mucho que hacer en este campo. Para ello hacen falta personas creativas y conscientes a su cargo.

Como vemos, el reto alcanza a nuestra mente y a nuestro corazón. Y abre también un tiempo de aprendizajes. No sólo necesitamos iluminarnos con la razón, sino también con los sueños y la luz de las estrellas. Vivir en una sociedad tan compleja como la actual y aceptar sus riesgos supone *aprender a organizarnos en situaciones alejadas del equilibrio.* Ahí situados, generalmente tenemos que optar por algún camino y es muy difícil decidir. Hemos de estar entrenados. La pandemia fue un pequeño ensayo, un aprendizaje. Ahora el reto es salir adelante en las dificultades no sólo superándolas, sino descubriendo cómo utilizarlas a nuestro favor.

Nuestros confinamientos resultaron en primera instancia negativos, pero, en el medio plazo, nos han enseñado a valorar cosas que antes no procesábamos como importantes: los espacios naturales, los abrazos con los seres queridos, la posibilidad de caminar sin prisa por un lugar tranquilo. Ahora que tanto se habla de la resiliencia, recordemos que ella nos hace ver las oportunidades que están escondidas en los problemas aparentemente negativos.

¿Y qué tal si tratamos de *hacer confluir a la ciencia con la ética y el arte para este cometido?* La ciencia es un loable esfuerzo humano que nos permite disponer de diagnósticos y datos fiables. La ética es fundamental en la toma de decisiones y la tenemos muy olvidada. El arte abre ventanas en nuestra mente para ver lo que todos ven y pensar lo que nadie ha pensado. Aporta un plus de creatividad que hoy más que nunca es necesario ante el futuro incierto que presenta el horizonte. Y nos ofrece algo genuino: *hacer visible lo invisible.*

Juntos, ciencia, ética y arte nos enseñan a vislumbrar la complejidad de la naturaleza en todas sus manifestaciones y la belleza de los valores que nos han permitido avanzar como humanidad: la cooperación, la anticipación, el sentido de la medida, la imaginación, la resiliencia…

Finalmente, todo este empeño se alimenta de *cultivar la esperanza.* Sin ella no haremos ningún cambio, ni de conciencia, ni de modelos, ni de comportamientos.

Hablar de la esperanza no es referirse al optimismo simplificador. Es *confianza en la fuerza de la vida y en nuestras propias fuerzas para reinventar este horizonte que hoy está quebrado.* Es compromiso para actuar en función de Gaia y de la humanidad. Supone estimular la fortaleza de lo débil, cultivar la capacidad de seguir soñando. Y trabajar en las fronteras de lo posible, imaginando lo aparentemente imposible. Como nos advirtió lúcidamente Ernesto Sábato, tal vez nuestras generaciones no puedan rehacer el mundo, pero podemos, al menos, impedir que se deshaga.

Somos naturaleza. Formamos parte de ella. No somos sus dominadores ni tan sólo sus cuidadores. Es la matriz de la vida que se manifiesta en cada persona.

Nuestro planeta es un sistema finito, con recursos limitados. Los límites del planeta son nuestros propios límites. ¿Los respetamos?

Los problemas ambientales creados por la especie humana hacen necesario un cambio de conciencia: aprender a vivir mejor con menos. Entonces surge la pregunta: ¿cuánto es suficiente?

Capítulo 9

REPLANTEAR LA VIDA EN LAS CIUDADES

De una ciudad no disfrutas las siete
o las setenta y siete maravillas, sino la respuesta
que da a una pregunta tuya.
ITALO CALVINO

En las ciudades del mundo avanzado tecnológicamente, el modelo urbano que se basó en los principios de la Carta de Atenas, inspirada por Le Corbusier, tuvo su desarrollo mediante procesos de zonificación (diferenciación de los espacios urbanos) atentos a las distintas funciones de habitar, trabajar y recrearse, con la circulación como objetivo de comunicarlas entre sí. Proliferaron las ciudades dormitorio, se hizo cada vez mayor la separación entre la vivienda y el trabajo, y ese modelo, manejado por los intereses especulativos y la globalización, derivó en una forma de vivir incómoda y agotadora: *las ciudades grandes se han convertido en «ladrones de tiempo». Un tiempo, el de las personas, que no se valora ni se tiene en cuenta.*

Felizmente, hoy está brotando un nuevo orden urbano atento a las necesidades de nuestro presente. Tenemos que afrontar desde la ciudad el calentamiento global, la escasez de materias primas y agua, la urgencia de reconstruir la vida de barrio a escala humana con todo lo que supone de estímulo para la convivencia. Hoy nuestros sueños van por conseguir *núcleos urbanos descentralizados y bien interconectados, lugares en los que se mezclen las viviendas y los espacios de trabajo y de ocio.*

Condición, la anterior, necesaria pero no suficiente. Las personas queremos habitar en medio de todas las riquezas de la vida en comunidad, no pasarnos horas en los largos desplazamientos para el trabajo, que se convierten a veces en una nueva jornada. Soñamos con un cine y un teatro en nuestro barrio, con un centro de salud cercano, con un parque para pasear o leer el periódico, un colegio para nuestros hijos e hijas al que podamos ir andando.

Estos planteamientos están guiando a muchos responsables de las grandes ciudades a tratar de alcanzar «*la ciudad de los 15 minutos*». *Espacios públicos pensados con criterios de proximidad.* Una urbe en la que se puedan resolver todas las cuestiones comerciales, sanitarias, culturales, de ocio, a una distancia nunca superior a ese trayecto a pie o mediante formas de transporte no contaminantes.

Pero éste no es el único criterio (aunque condiciona y determina muchas decisiones). Se está apostando por la regeneración de las viviendas para adaptarlas a las nuevas condiciones climáticas, también por la descarbonización, eliminando los combustibles fósiles de los coches y las calefacciones para implantar modelos de transporte e iluminación neutros en carbono. Y, al fin, para paliar nuestro déficit de naturaleza en muchos entornos urbanos, se ha creado un concepto –renaturalización de los barrios– que es de esperar que prospere llenando de árboles y arbustos nuestras ciudades, recuperando para la vida natural espacios hoy ocupados por los vehículos privados.

Sin embargo, no todo son buenas noticias. Este movimiento tropieza a diario con la expulsión de vecinos de sus pisos cuando un barrio se pone de moda y acuden a vivir a él artistas o turistas. Es una de las caras de la gentrificación que amenaza a zonas urbanas de todo el mundo. Las rentas suben y los residentes tradicionales no las pueden pagar. Las tiendas de comestibles y las mercerías son reemplazadas por establecimientos 24 horas o bazares de *souvenirs*.

El proceso de convertir a nuestras urbes en lugares para habitar en paz y con disfrute está colisionando con otros intereses y no resulta fácil. Aun así, existen unas fortalezas que, se quiera o no, van prosperando: las personas reclaman ser las protagonistas frente al vehículo privado; los vecinos protestan por los ruidos y la contaminación allí donde se producen; la demanda de parques se generaliza. Viena amplía sus aceras favoreciendo a los peatones; Pontevedra ha peatonalizado una parte importante de su pequeño municipio; Copenhague tiene un *greenplan* que garantiza un espacio verde a todos los vecinos a no más de 300 metros de sus viviendas, a la vez que favorece el tránsito a pie o en bicicleta. *En estos proyectos el tiempo y el sosiego van abriéndose paso.*

París, con su alcaldesa Anne Hidalgo al frente, está apostando seriamente por la ciudad de los 15 minutos y estimulando *el uso de la bicicleta como forma de movilidad más lenta y sostenible. La* red ciclable se sigue ampliando. Para 2024 está previsto eliminar el paso de vehículos por el corazón de la ciudad. Y París planea que para el año 2030 la mitad del espacio público de la ciudad sea verde (hoy tiene apenas un 10 %). Barcelona también tiene planes y ha iniciado actuaciones en este sentido. El tramo norte de la avenida Meridiana ha pasado de ser una vía urbana de ocho carriles a transformarse en un paseo con carriles bus y de bicicletas, y se ha completado con zonas arboladas.

Estos y otros muchos ejemplos que sería muy largo reseñar giran en torno a la idea de *poner en el centro de los planes y proyectos la vida cotidiana,* tratando de dar entrada a las necesidades de los habitantes, que reclaman vivir en lugares que permitan «habitar» en plenitud los espacios urbanos. Entendiendo que «habitar» es ser parte activa del ámbito urbano en que se vive, disfrutar de los sitios de encuentro, esparcimiento, servicios, y todo ello sin ir todo el día corriendo.

Un aspecto crucial en el replanteamiento de nuestras ciudades es el papel que juega el vecindario con sus propuestas y demandas. Y, sobre todo, *el sentido de pertenencia, la capacidad de trabajar en común por lo común.* Y el altruismo a la hora de compartir.

Necesitamos ciudades en las que, al salir de casa, tengamos garantizado que hablaremos con alguien. Ciudades en las que triunfe la convivencia por encima del conflicto inevitable. Espacios verdes en los que sea posible descansar mirando al cielo. Casas en las que el sol sea un vecino más. El objetivo de la ciudad es conseguir una buena relación entre el orden, que nos hace más fácil la vida, y el desorden que va produciendo cambios e impide que las urbes se anquilosen. Allí donde se cumple este objetivo reaparece el tiempo con todo su valor: un bien que disfrutamos desde la sencillez de no tener que ir deprisa.

Y, si hay calma en las personas, florece *el sentido de comunidad,* que actualmente está bastante diluido, sobre todo en las grandes urbes. Porque no es fácil, hoy en día, reconocerse en la ciudad como miembro de una comunidad. La mayor parte de las personas se recluyen en su casa en defensa de su individualidad, pero no sienten la necesidad de conocer a sus vecinos, de enterarse de los servicios que tienen a su alrededor, de descubrir las zonas verdes cercanas y utilizarlas. El coche y las prisas nos han hecho autistas: no sabemos casi nada de nuestro entorno. Por eso *la construcción del sentido comunitario va de la mano de la conquista del tiempo*. Porque las nuevas ciudades sólo siendo lugares de convivencia desplegarán todas sus potencialidades.

Las grandes ciudades actuales son las ciudades de las prisas, que es tanto como decir del desarraigo. Vivimos una época de desvinculación, de soledad extrema para mucha gente. Pero no sólo de soledad física –qué también–, sino de esa dañina soledad que se produce en medio de centros de trabajo, transportes colectivos, supermercados en los que hacemos la compra… Ahí somos un número más. Y así se nos escapa el tiempo de calidad, el que contribuye a las relaciones interpersonales. No nos damos ni cuenta, nos vamos acostumbrando… Por ejemplo, una cadena de supermercados a abierto unas «cajas lentas» para que sus clientes puedan demorarse hablando con la cajera cuando hacen la compra.

No es extraño que hoy se dé un fenómeno de pérdida de población en las grandes urbes, porque algunas personas y familias se van a vivir a ciudades y pueblos pequeños que están creciendo y rehabilitándose. ¿Qué buscan? Creo que, en primer lugar, la *sensación de pertenencia*. Y, ligados a ella, *el tiempo y la tranquilidad. Buscan vivir en comunidad.*

109

No avanzamos porque no tenemos tiempo. Estamos mal organizados. Nos cruzamos con prisa con el vecino cada mañana y pasan los años sin que sepamos su nombre. Cerramos con cerrojos nuestra casa y no nos importa si los árboles de la calle se secan por falta de agua o si el centro de salud cercano se cierra…

La ciudad de las prisas es poco comunitaria, el individualismo feroz de nuestro tiempo la hace difícil. Y, sin embargo, insisto: *el sentido de pertenencia a una comunidad es más necesario que nunca.*

Felizmente, algunas personas y grupos van dando pasos, despiertan con la ilusión de confluir con los cercanos, de mirarse despacio y verse, de reír y celebrar la vida en compañía. Desde el año 2017 está en marcha una pequeña/gran revolución ciudadana en un barrio de París. Una revolución que comienza por dar los buenos días a los vecinos. Una revolución sin barricadas ni enfrentamientos, sino todo lo contrario: cordial y vivificante. Se inició con la instalación de una larga mesa de 2,15 metros de largo, con 648 sillas y alimentos caseros que iban aportando los vecinos para comer (y hablar) juntos. Todo a lo largo de la *rue* de l'Aude, un tramo del distrito 14 que abarca unas 50 calles y 15 000 residentes. El primer paso fue sentarse unos al lado de los otros y decir la más subversiva de las palabras: *bonjour.*

Para la mayoría de los participantes, esos «buenos días» tuvieron el efecto de una novedad cordial que se abría paso a las puertas de su casa. Se autodenominaron *République des Hyper Voisins* (la república de los hipervecinos). El experimento estimuló a las personas a saludarse y charlar cuando se encontraban en la calle. Después llegaron otras actividades: organizaron cine comunitario y, cuando se presentaron situaciones difíciles para alguno de los residentes en la zona, surgieron proyectos de apoyo e intercambio voluntario de cuidados. Durante la fase dura de la pandemia de la COVID-19, el vecindario se movilizó para fabricar mascarillas, llevar la compra a las personas que vivían solas y ayudar a los más vulnerables.

Anna, originaria de Rusia y vecina del barrio, afirma: «Vivo sola, pero si necesito ayuda siempre hay alguien a quien acudir. Este lugar me da energía». Entre sus proyectos está montar clases de tango para sus vecinos. A Mireille, una viuda octogenaria, los vecinos le llevaron comida cuando regresó de una estancia en el hospital. Afirma que ahora tiene un aliciente para salir a la calle, que la vida del barrio la ha cambiado

El proyecto sigue en marcha, se ha convertido en un laboratorio de experimentación social que toma en cuenta los déficits de la vida en las grandes ciudades, en especial la escasez de vínculos comunitarios. Patrick Bernard, antiguo periodista y vecino del barrio, ha sido el impulsor de esta idea, convencido de que la vida en la ciudad puede dejar de ser anónima si se crea una cordial convivencia entre los vecinos. Actualmente unos 2000 vecinos acuden regularmente a comidas y aperitivos semanales en restaurantes de la zona. También organizan salidas culturales, actividades infantiles…

La inauguración de la plaza de los Derechos del Niño fue un hito importante en la recuperación del espacio público. Patrik Bernard comenta que antes era un cruce de carreteras sin más y ahora la han convertido en un lugar con vida, una zona acogedora para los encuentros. Después de una consulta al vecindario sobre cómo imaginaban esa zona, se limpió, se peatonalizó, se pusieron plantas... Para ello consiguieron una subvención de cerca de 200 000 euros del Ayuntamiento de París. «Aquí la gente tiene tiempo para charlar», afirmaba un vecino.

En un momento de dificultades asistenciales en Francia, el Ayuntamiento de París también ha financiado con 500 000 euros un proyecto del barrio para poner en marcha una clínica de salud que atienda las necesidades de los vecinos, con una razonable plantilla de personal sanitario, amplio horario, consultas sin cita previa y consultas a domicilio. Se trata de establecer una relación cooperativa entre los cuidadores y los ciudadanos que utilizan sus servicios.

Éstos son sólo algunos de los distintos proyectos que van poniendo en marcha los «hipervecinos». Así mismo está en sus planes reducir el uso del coche y sustituirlo por bicicletas eléctricas con remolque, instalando cargadores de bicicletas comunitarios. Lo importante es que estas y otras iniciativas lo que buscan es estimular la cooperación y las relaciones entre los habitantes para mejorar su calidad de vida y revitalizar los barrios. No cabe duda de que contar con una alcaldesa y un equipo municipal sensibles es una gran ayuda. Pero, para demostrar que somos acreedores de ella, primero conviene demostrarlo...

Aunque Hyper Voisins es una experiencia independiente y autogestionada, el Ayuntamiento de París, interesado en llevar adelante la idea de «La ciudad de los 15 minutos», se ha fijado en este proyecto como referencia a la hora de inspirar a otros distritos para que piensen y ejecuten prácticas de revitalización de la vida comunitaria y la reapropiación del tiempo. Sabiendo que no hay una fórmula mágica, que cada barrio tiene sus peculiaridades y que lo importante es que las iniciativas y propuestas nazcan desde dentro y respondan a las formas de vida de sus habitantes.

En el contexto del tema que estamos tratando, creo que este proyecto suscita una reflexión: *plantear y llevar adelante experiencias de crecimiento comunitario requiere tiempo, pero sus resultados cambian los usos del tiempo para mejor.* En efecto, cuando gentes con imaginación y sentido cordial de la vida se plantean una comunidad que no sea necesariamente de familia o amigos, sino que gravite sobre la experiencia ciudadana de compartir espacio y tiempo… En esos momentos comienzan a fortalecerse los débiles vínculos de proximidad, convirtiendo la experiencia de ser vecinos en un sentimiento de pertenencia que produce seguridad, bienestar y fe en la solidaridad.

La esencia de estos cambios está en la creatividad para imaginar un modo de vida en el que el tiempo y las personas realmente importan. Y no es un esfuerzo baladí. Es justamente la avanzadilla hacia un nuevo modelo de ciudades que necesitamos con urgencia.

Porque el cambio que requiere nuestra sociedad es profundo: no basta con ir más lentos y quedarnos en casa. Es preciso replantear nuestras ciudades provocando la emergencia de relaciones y vínculos humanos. Que es tanto como decir formas y hábitos de vida que nos devuelvan el sentido de pertenencia que perdimos corriendo sin celebrar la vida cogidos de las manos.

Las grandes ciudades en general son las ciudades de las prisas,
que es tanto como decir del desarraigo.
En ellas frecuentemente somos un número más.

La capacidad de trabajar en común normalmente favorece
el sentido de pertenencia. Y contribuye a crear comunidad.

El «genius loci», el espíritu del lugar, sólo puede ser captado
con lentitud, dedicando tiempo a la observación
y el diálogo con el entorno.

Capítulo 10

APOSTAR POR LO PEQUEÑO

Queremos ser los poetas de nuestra vida
y, en primer lugar, en las cosas más pequeñas.
FRIEDRICH NIETZSCHE

La Modernidad ha ido modelando nuestras sociedades e, inevitablemente, nos ha condicionado también a nosotros en los gustos, las preferencias, las posibilidades... Somos hijos de unas formas de pensar que se han ido infiltrando en el inconsciente colectivo a través de cambios en los valores, las prioridades, las condiciones de vida... Al mismo tiempo, el imaginario colectivo de Occidente se ha constituido en un modelo para el desenvolvimiento de otras sociedades menos tecnificadas. Nuestra mirada sobre el mundo ha sido tan colonizadora como lo fueron, en el pasado, las expediciones, las guerras y el dominio ejercidos a través de la fuerza. *Hoy no necesitamos esas armas: disponemos de la seducción.*

Nuestras seducciones son tan fáciles de exportar que se valen por sí solas. Nosotros somos sus mejores propagandistas: aparentamos ser felices en un mundo en el que la primera condición para la felicidad es mirar para otro lado, ignorar el sufrimiento ajeno, avanzar siempre hacia la cabeza del grupo, hacia los fuertes que conocen las claves del dominio, de la posesión, de la riqueza…

Sería inacabable la tarea de enumerar nuestras propias fascinaciones, la forma en que ellas rigen cada existencia, cada momento histórico, cada justificación moral. Las aceptamos, casi siempre pasivamente; dejamos que ellas den forma a nuestras vidas. Nos hemos conformado con no naufragar en este mar de conflictos, con quedar a salvo. Nos aplicamos ese «sálvese quien pueda» con el que, conscientemente o no, practicamos la tarea de estar vivos.

Sin embargo, sabemos, muchos de nosotros sabemos, que la Modernidad ha tomado un rumbo equivocado, que estamos devastando la naturaleza, que la insolidaridad con el mundo sufriente es una de nuestras señas de identidad. *¿Y el amor?, preguntan algunos. El amor nos salvará, respondemos otros.*

Hemos vivido una larga etapa de adoración a tres mantras de nuestras sociedades que nos han traído a una gran crisis ecológica y social, han mostrado su insostenibilidad, y dificultan la natural expansión de nuestras vidas y las de las generaciones futuras. Estamos en momentos críticos, como los marinos que tienen que reparar el barco con una vía de agua en altamar, lejos de las seguridades del puerto. Ellos no pueden esperar. Nosotros tampoco. Ya no cabe aguardar a que la tormenta no arrecie. *Hemos de aprender a navegar, incluso a cantar, bajo la lluvia…*

Estas seducciones, incrustadas en nuestro interior a modo de creencias, son muy difíciles de desenmascarar, sobre todo porque, en el subconsciente, nos conducen a un falso modelo de éxito que funciona como trampa. Y así, entrampados, caminamos practicando *tres grandes deslumbramientos: la atracción por lo grande, lo rápido y lo lejano.* Si nos paramos a reflexionar lo que han significado en términos de tiempo, de presión sobre la naturaleza, la conclusión es que necesitamos abandonarlos porque ellos estorban la mirada que el mundo necesita. Una mirada que nos enseñe a *habitar el planeta reconociendo nuestra fragilidad y dependencia,* conscientes de que, si desapareciésemos como especie de la faz de la tierra, la vida continuaría sin nosotros, transeúntes fugaces de un corto minuto de su historia.

Abandonar estos hechizos de lo grande, lo lejano y lo rápido supone cuestionarnos cómo podemos cultivar dentro de nosotros y como sociedad los dones más preciosos que nos han sido dados: la fraternidad, la capacidad de inventar y crear, el arte de cooperar, el silencio y la escucha… Y ese valor intrínseco de todo lo vivo que se evidencia en la aventura de la vida. Estamos a tiempo de redescubrir el asombro por las pequeñas cosas, los gestos inocentes, los afectos cercanos, la lenta tarde bajo un árbol escuchando los sonidos de la naturaleza. *No somos un producto fijo del pasado, sino el resultado de nuestras elecciones. Podemos elegir pensar y vivir de otra manera.*

Digamos, por el momento, que la primera, esa fascinación por lo grande, nos ha llevado a optar por megalópolis imposibles de gestionar en términos de sostenibilidad. También ha creado grupos económicos y financieros que escapan a cualquier control y superan el poder de los Estados… La opción por lo lejano, amplificada en la globalización, ha hecho que deslocalizásemos las economías perdiendo autosuficiencia y dejando sin empleo a millones de trabajadores. Y ha generado esa manía colectiva de estar todo el tiempo viajando como si una vida tranquila fuese algo sin valor. Por su parte, lo rápido –esa sacralización de la eficiencia a cualquier coste– ha traído el estrés a las generaciones jóvenes y la pérdida de saberes y valores que no encajan con las prisas.

Comenzando por lo grande, nos hemos dejado cautivar no tanto por la belleza de las pequeñas cosas como por *lo grandioso como signo de esplendor, conquista de la tecnología.* Comenzamos asombrándonos por el Titanic, aquel barco que, en su momento, mostraba avances que prometían hacerlo insumergible… Admiramos la aparente solidez de la Unión de Repúblicas Socialistas Soviéticas, la URSS, que parecía tan grande como poderosa. Después nos deslumbraron las Torres Gemelas de Nueva York, tratamos de copiarlas en todos los países, siempre desafiándonos unos a otros, como niños, a ver quién construía la más alta…

Sin embargo, el Titanic se hundió, la URSS se desmoronó de un día para otro y las Torres Gemelas desaparecieron ante los ojos del mundo en cuestión de horas. Todo ello dejando atrás muchas vidas humanas, enormes pérdidas económicas y una lección que no acabamos de aprender: lo grande es muy vulnerable.

Sí, parece como si la vulnerabilidad de nuestras realizaciones estuviese en relación directa con su tamaño. Ahora tenemos entregados nuestros proyectos de vida a esa gran plataforma que es Internet, alojamos los datos de los bancos, los hospitales, las economías familiares en una nube que, al parecer, ofrece todo tipo de seguridad. No nos hemos parado a pensar qué ocurriría si un día todo eso cae, se desmorona. No nos atrevemos a pensarlo porque nos da vértigo…

Lo grande es muy vulnerable, es más difícil de manejar. Generalmente, se comporta de manera menos flexible, menos adaptativa y resiliente que lo de menor tamaño… Un caso práctico que lo ejemplifica es la extinción de los dinosaurios a causa de la caída de un meteorito sobre la Tierra. Ellos, de gran tamaño, no pudieron resistir el impacto y desaparecieron. ¿Quiénes sobrevivieron? Los pequeños lémures, precursores de los mamíferos, que vivían en las rendijas del sistema. Sin ellos, mucho más resistentes, no estaríamos aquí.

Uno de los pensadores modernos más lúcidos (y menos escuchados) ha sido Ernst Friedrich Schumacher, un economista nacido en Bonn, Alemania, quien, bajo la protección de Maynard Keynes, se trasladó a Inglaterra y obtuvo la nacionalidad británica. Como profesional preocupado por la deriva que estaban tomando nuestras sociedades, él formuló interesantes reflexiones acerca del *tamaño óptimo* de las cosas. Un tamaño óptimo que no puede ser definido objetivamente, sino en función del entorno en el que se va a diseñar un proyecto, una ciudad, un barrio, una fábrica… y de las formas de vida que en él existen: aspectos ecológicos, residenciales, culturales… Se trata, por tanto, del *tamaño apropiado en cada caso.*

Schumacher escribió un delicioso libro que las personas de mi generación devorábamos con ganas de aprender. Se titula *Lo pequeño es hermoso.* Fue publicado en 1973 y rápidamente se tradujo a más de veinte idiomas. En su momento, vino a ser un revulsivo para quienes lo leíamos, pues encontrábamos en él propuestas de un pensamiento alternativo explicadas con claridad no exenta de rigor. Sus teorías sobre el desarrollo (ese que después dio en llamarse «sostenible» y que, en la práctica, nunca ha sido tal cosa...), sus teorías, digo, se basaban esencialmente en *dos conceptos básicos: tamaño intermedio y tecnología intermedia.* En torno a ellas, Schumacher planteó propuestas que, de haber sido tenidas en cuenta, habrían conducido a nuestro mundo a una situación bien distinta de la que hoy vivimos (al tiempo que se ignoraban, en la práctica, las propuestas de otros economistas alternativos como Georgescu-Roegen). Falleció en 1977, en el momento en el que sus ideas abrían horizontes para un desarrollo viable.

Sus planteamientos no son puramente teóricos. Entre 1950 y 1970 trabajó como experto en desarrollo y fue consultor del Gobierno de la India y de otros países que entonces se denominaban «en vías de desarrollo». Simplificándolos mucho, para que quepan como una pequeña digresión en este libro, es posible señalar algunos rasgos básicos. En cuanto a la propuesta del *tamaño intermedio,* se basa en modular la gran extensión de algunos Estados mediante una estructura cantonal, de modo *que no sean necesarias las grandes concentraciones industriales y habitacionales.*

Respecto a la *tecnología intermedia,* él abogaba por satisfacer las exigencias materiales de la sociedad mediante equipamientos más sencillos y menos costosos que los que serían necesarios para producir y transportar los bienes producidos en un mercado global. Equipamientos *descentralizados, ubicados en los propios países y contextos.* La eficiencia de las tecnologías intermedias tiene la ventaja de que, además de minorar los transportes y su contaminación, permite obtener la misma cantidad de producto con un mayor uso de mano de obra que el que requieren las tecnologías más avanzadas. Esto favorece el mantenimiento del empleo, aspecto sobre el que Schumacher reflexionó largamente. Él pensaba que el desempleo es un coste social y humano que las sociedades no se pueden permitir.

Su concepto de pequeño no se fija por criterios objetivos, es una metáfora. En realidad se refiere a lo que él llamaba *tamaño apropiado* en cada caso, lo cual implica la existencia de límites. Algo es inapropiado cuando resulta demasiado lento o demasiado rápido; hace a la gente demasiado rica o demasiado pobre… Como en la idea griega de armonía, lo que Schumacher proponía, con gran sentido común, era *nada en exceso.* Huir de la desmesura, que nos ha traído a un escenario muy dañino ecológicamente y a todas luces desigual e injusto socialmente.

Claro que podemos preguntarnos *quién determina los límites,* y él también se hizo esta pregunta. La respuesta es sencilla: los límites son establecidos por la *relación entre el tamaño y la función del objeto o el proceso.* Tomemos como ejemplo la concha de un caracol. Si se le añadiera un solo anillo más, su volumen aumentaría dieciséis veces y la concha se rompería con el sobrepeso, ya sería inútil para albergar al caracol.

Schumacher no andaba descaminado. De hecho, no hay que olvidar que los seres vivos crecemos hasta el tamaño óptimo (el que nos permite reconocer a cada uno como perro, pulga, elefante, persona…) y después dejamos de crecer, lo cual no impide que nos sigamos desarrollando. ¿Por qué no habrían de hacer otro tanto la economía o la planificación de nuestras ciudades si queremos un desarrollo verdaderamente sostenible?

Si traemos las ideas de Schumacher al presente, podemos pensar en las dificultades que hemos tenido cuando se desató la pandemia por no disponer de mascarillas o respiradores y equipos fabricados en nuestros países. Al haber deslocalizado la producción, fundamentalmente a China, convertimos a ese país en la fábrica del mundo y generamos una enorme dependencia de ella, al mismo tiempo que el cierre de las empresas que se trasladaron allí dejó en nuestra tierra ingentes cantidades de desempleados. A veces, no escuchar a los disidentes de las grandes seducciones modernas tiene su precio...

Años después de que Schumacher explicase sus ideas, en 1986, Paul Watzlawick, un filósofo y psicólogo austríaco nacionalizado estadounidense, publicó una pequeña obra que se titula *Lo malo de lo bueno*. En ella reflexiona también sobre los excesos que amenazaban entonces a nuestras sociedades. Desde la Escuela de Palo Alto, en California, este pensador nos alertaba sobre las conquistas, aparentemente inofensivas y generalizadas, de la Modernidad.

Una de las seducciones y convicciones que él critica con ironía es la de que «más de lo mismo siempre tiene que ser mejor». Y pone el ejemplo del hombre al que su médico receta un medicamento para el estómago. Como antes otros médicos no habían conseguido curarlo, comienza a sentirse mejor y se alegra tanto que decide tomar el doble del producto para acelerar el proceso. Seguidamente tiene que ser ingresado en el hospital con síntomas de intoxicación.

El ejemplo es muy simple y el autor del libro lo sabe, por eso seguidamente complejiza su discurso y lo centra en lo que él llama *la manía de la ampliación*, recordándonos que, *sobrepasado cierto umbral, los cambios cuantitativos se convierten en cambios cualitativos*, y que, si no aplicamos sentido de la medida a nuestros proyectos, esos saltos llegan cuando menos se esperan. En ese momento se alcanzan los llamados *tipping points* (puntos de no retorno) y ya es, justamente, demasiado tarde.

Haber ignorado las ideas de estos y otros muchos pensadores, por ejemplo, de los economistas críticos que advirtieron de los peligros que generaba una economía de crecimiento indefinido, nos ha llevado a llenar el planeta de enormes megalópolis, ciudades en las que las personas pasan más tiempo en los desplazamientos que en jugar con los hijos o reír con los amigos y la familia… También seguimos la tendencia de hacer empresas cada vez más grandes, edificios de impresionantes alturas, deslumbrantes museos, gigantescos hospitales…

Si nos dejásemos guiar más por la naturaleza que por la necesidad imperiosa de crecer en todo, nos pararíamos a reflexionar sobre un hermoso principio que rige en la ciencia ecológica: *la profusión de lo pequeño*. En efecto, la posibilidad de presencia de un miembro de una especie viva en una comunidad estable decrece exponencialmente en relación con su tamaño: en el planeta hay más bacterias que insectos, más insectos que conejos, más conejos que zorros, más zorros que elefantes… La masa de las bacterias, por ejemplo, supera en peso a la de toda la especie humana. Vivieron dos mil millones de años sin nosotros y muy probablemente continuarán cuando nuestra especie se extinga.

Lo pequeño es mucho más resistente y resiliente que lo grande. Esto ocurre no sólo en el plano ecológico, sino en muchas situaciones cotidianas, incluso en el lenguaje. Si nuestra hija se llama Esperanza, acabaremos llamándola Espe. Si tenemos que desplazarnos al trabajo, buscaremos el camino más corto…

En la historia de la evolución, existe un hermoso pasaje: entre los animales que tenían su hábitat en un medio acuático existió un pez extraño, el ictiostega. Tenía grandes aletas y vivía en pequeñas lagunas, pero de vez en cuando sacaba fuera del agua sus ojos globulosos para buscar pequeños insectos. Sus descendientes siguieron esa costumbre y comenzaron a salir del agua a tierra firme cada vez durante períodos más largos. Y así, con el transcurso del tiempo, fueron mejorando hasta dar lugar a los batracios y los anfibios. Es preciso recordar que este paso evolutivo no habría sido posible sin algo muy pequeño: las diminutas lágrimas, que les permitieron hacer este tránsito del agua a la tierra manteniendo los ojos húmedos para poder ver en condiciones en un entorno seco.

Así que recordemos: *la sabiduría más excelsa consiste en tener sueños grandes y saber realizarlos con pasos pequeños.*

Somos seres frágiles y dependientes, transeúntes fugaces
de un corto minuto en la historia de la vida.
Necesitamos a la naturaleza, pero ella no nos necesita.

Vivimos hechizados por lo grande, conquista de la tecnología,
que es muy vulnerable. Sin embargo, en términos generales,
lo pequeño es mucho más resistente y resiliente.

La sabiduría más excelsa consiste en tener sueños grandes
y saber realizarlos con pasos pequeños.

Capítulo 11

DESCUBRIR EL VALOR DE LO CERCANO

Si quieres ser universal, describe tu aldea.

LEÓN TOLSTÓI

Los seres humanos somos exploradores por naturaleza, ésa es una de nuestras virtudes, la de querer saber siempre qué hay más allá de los confines del espacio en el que vivimos. Gracias a esa cualidad, hemos ampliado nuestra visión del mundo, nos hemos hermanado con otras culturas y hemos aprendido que existen muchas formas de resolver la vida y que la nuestra no es siempre la mejor ni la única.

La apertura es un don. Pero, como todos los dones, ha de administrarse con mesura. No vaya a ser que, si nos empeñamos en estar siempre yendo de un lugar a otro, se nos desdibuje la brújula de nuestro propio lugar y perdamos los puntos de referencia. Viajar ha sido una actividad minoritaria hasta hace poco. Un privilegio al que no todos podíamos acceder. Pero esta situación cambió en las últimas décadas: los vuelos *low cost,* la proliferación de las clases medias en los países industrializados, el interés por descubrir otras culturas, dispararon los desplazamientos. Hoy multitud de aviones transportan diariamente a gentes que quieren conocer países y costumbres que, de otro modo, no les serían accesibles…

En muchas ocasiones, los habitantes urbanos viajamos buscando el paraíso perdido, la naturaleza en estado puro, para escapar de las ciudades y de la vida diaria con sus rutinas. Otras veces, con el objetivo de ir a una exposición, un congreso, escuchar un concierto, encontrarnos con amigos lejanos… Y, en más de un caso, lo hacemos para desconectar de nuestro trabajo. Así que ahí estamos: preguntándonos cuál será el destino de nuestras próximas vacaciones.

Nos desplazamos para conocer nuestra casa común, la naturaleza. Una casa que es verde y azul. Verde por todas las zonas en las que bosques, sabana, selvas, regalan sus dones a la humanidad. Y azul por esa agua maravillosa, fuente de vida, que cubre las tres cuartas partes de la superficie terrestre, da forma a nuestras costas, nos provee de alimento, regula el clima y permite que nos desplacemos cruzando océanos y mares. Permanecer en esos espacios naturales nos proporciona bienestar, tal vez porque necesitamos regresar al útero esencial de la vida.

Pero no siempre es así. En ocasiones viajamos simplemente para huir del día a día y volver más cansados de lo que estábamos al principio. Es como si la vida cotidiana, de lo próximo, de nuestro mundo de relaciones, se nos quedase pequeña. Somos seres que nos alimentamos con la sorpresa, lo inesperado. Necesitamos de vez en cuando esos quiebros en nuestra actividad, en los que tanto se disfruta de la salida a lugares extraños como del regreso a casa.

Mientras escribo estas reflexiones, me llega un mensaje al ordenador. Lo envía una compañía aérea: «María, cambia tu rutina desde 23 euros». Lo leo, sonrío y pienso en los miles de personas que lo habrán recibido. ¿Cuántos se habrán animado, espoleados por ese precio tan barato, a pasar el fin de semana a muchos kilómetros de su ciudad?

¿Cuántas personas habrán dicho: «Eso no va conmigo»? Me gustaría tener las respuestas, saber si, entre las gentes que viven en nuestro país, existe la conciencia de que cada viaje en avión es un modo de incentivar el cambio climático...

Lo hablo con una amiga que viaja mucho. No discutimos, estamos acostumbradas a decirnos las cosas sin acritud. Ella me responde: «Sí, yo aprovecharía esa oferta, pero a cambio no como carne de res, las vacas son responsables de tanta contaminación como los aviones». Me resisto a contestarle. Tendría que recordarle que estamos en una situación crítica, que ya no se trata de elegir entre formas de activar los problemas, sino de procurar ser conscientes de que todos ellos suman, que la crisis ambiental es precisamente el resultado de un entrecruzamiento entre acciones y actitudes en las que dejamos a un lado lo que sabemos y optamos por ignorarlo. ¡Es tan fácil dejarse convencer cuando lo que nos ofrecen es algo gratificante...!

Hemos mutado de viajeros a turistas. En ello tiene mucho que ver el tiempo. Hace décadas, y todavía hoy en muchos casos, el viajero era alguien que se detenía en los lugares, observaba y escuchaba con sosiego, se demoraba en conversaciones con la gente... Viajar suponía hacerse parte del lugar visitado, descubrir el alma de las ciudades y los pueblos, disfrutar con largos paseos por la montaña, conocer despacio la gastronomía y las costumbres... El viajero va despacio, viaja escuchando y aprendiendo. El ahora no es una foto o un selfi, sino un momento de calma y de contemplación que se graba profundamente en la memoria.

Conozco gente que viaja así, que se aposenta por largo tiempo en los lugares, con los ojos abiertos y los oídos atentos. Para escuchar incluso los silencios. Gente que apaga los altavoces internos y se deja llevar por el sonido de los árboles, la brisa del mar, las palabras de los lugareños. Felizmente, hay un viajero escondido en cada uno de nosotros, alguien que está deseando emerger. Sólo necesitamos parar para que aparezca y tome las riendas de una etapa en nuestras vidas.

Quienes hacen el Camino de Santiago son un buen ejemplo de viajeros. En el camino conocen a otras personas, pero también dedican muchas horas a percibir el ritmo interno de su cuerpo, a dialogar consigo mismos, meditar y dar descanso a las ideas parásitas… Ellos pasan por pueblos y ciudades dejando una estela de calma, los senderos limpios, los albergues llenos de vida. Y todos concluyen que la experiencia los ha transformado, que han podido verse a sí mismos de un modo distinto: despacio, despacio…

El turista, en cambio, va deprisa. Consume ciudades y paisajes en poco tiempo, tal vez logra ver algo excepcional. Hace un montón de fotos y regresa cargado de datos y *souvenirs.* El ejemplo más claro son esos enormes cruceros que tocan puerto, nos invitan a disponer de unas horas para explorar la ciudad y nos venden la ilusión de que, en esa corta visita, ya la hemos conocido.

¿Es en sí mismo negativo el turismo? Yo no diría eso. Viajar, hacer turismo, son experiencias estimulantes. El problema es que, como siempre, los excesos pueden convertir el turismo en una plaga. Hemos alcanzado ya los 8 000 millones de seres humanos sobre la Tierra, nuestra casa. El turismo masivo mueve a millones de personas cada día. La atracción compulsiva por lo lejano está siendo el caballo de Atila de muchos ecosistemas naturales; está haciendo invivibles los barrios céntricos de múltiples ciudades; genera miles de desplazamientos, y produce unos efectos nocivos sobre el medio ambiente que incentivan el calentamiento global del planeta y la contaminación, destruyen hábitats y consumen enormes cantidades de energía: un impacto sobre los ecosistemas que la Tierra ya no puede soportar.

La pandemia produjo un parón en todo esto. Hemos tenido una ocasión propicia para reflexionar. Esta experiencia ha sido, para algunas personas, un aldabonazo en las conciencias. De pronto, confinados en nuestros hogares, hemos sentido déficit de naturaleza, necesidad de salir a la calle y hablar con el vecino, la ilusión de poder pasear por el parque cercano a nuestra casa... *La relocalización, ese cambio que llevábamos tiempo necesitando, venía por sí sola.* Estábamos descubriendo los placeres de lo cercano, la belleza de nuestros propios paisajes, el encanto de reencontrarnos en las vacaciones con un entorno conocido. Pero, pasado el susto, parece que «volver a la normalidad» signifique olvidar esta lección y seguir corriendo tras lo lejano como si en ello nos fuese la vida.

Relocalizarnos, centrar nuestras vidas en lo cercano, supone no sólo volver a valorar lo próximo, sino también regresar a la cordura. Hemos comprobado que no hace falta irse a las islas Maldivas o a Punta Cana para ser felices. Que en nuestras playas, nuestros campos, nos aguardan todavía muchas horas de deleite. Que lo importante no es llegar lejos, sino llegar con el ritmo justo y en buena compañía. Gentes de aquí y de allá están aprendiendo a vivir de una forma más sencilla. Son muchas ya las personas que han dejado de volar en avión por sus efectos sobre el cambio climático. Algunos países, como Suecia, son tan conscientes de este hecho que han acuñado una expresión: «vergüenza de volar».

En distintos lugares de Europa y de España existen los restaurantes kilómetro 0, que consumen productos de temporada y de la propia zona. Eso evita muchos viajes para transportar alimentos y fortalece la producción local. Para que un restaurante obtenga la certificación «kilómetro 0» debe ofrecer un mínimo de cinco platos km 0 a lo largo de todo el año. También debe comprar a productores que estén a menos de 100 kilómetros del restaurante, en un número no inferior a cinco. En cuanto a los menús, se exige que un 40 % de los ingredientes sea de procedencia local y no contengan alimentos transgénicos o procedan de animales que hayan comido transgénicos.

Está también en marcha un movimiento de ciudades en transición, que comenzó en la pequeña ciudad de Totnes, en Gran Bretaña, y se ha extendido al resto del mundo. Las ciudades en transición surgen desde la conciencia de que es necesario adoptar medidas creativas y soluciones locales a los problemas ecológicos como el cambio climático o la crisis energética. Inspirado en la permacultura y la agroecología, el movimiento en transición promueve la producción local, el trabajo colectivo, las energías renovables...

Sus ideas y prácticas estimulan la reflexión colectiva sobre los conceptos de bienestar, riqueza, plenitud..., para avanzar hacia *prácticas de autosuficiencia, relocalización de las actividades y afianzamiento comunitario,* incentivando los vínculos entre sus habitantes. En algunos casos, como el de Totnes, incluso utilizan moneda local en las tiendas y empresas del pueblo, con lo que estimulan el consumo de productos de proximidad.

Se trata de ciudades que se ocupan en crear modos de vida bajo un cambio de mentalidad: «Alimentos a pie, no alimentos a millas». Estas experiencias alternativas prosperan no como un sacrificio, sino como formas de vivir más satisfactorias y armónicas, dentro de un cambio de mentalidad basado en la idea de regreso a los entornos pequeños y próximos, de afianzamiento de la vida comunitaria en términos de viabilidad ecológica y equidad social. ¿Una utopía? No. El proceso está en marcha. Hoy ya se pueden encontrar más de 700 iniciativas de este tipo en muy diversos países, entre ellos Reino Unido, Irlanda, Italia, Canadá, Australia, Nueva Zelanda, Estados Unidos…

La clave de estas reflexiones, lo que lleva a las gentes a cambiar de enfoque, no es vivir peor ni dejar de disfrutar, sino *aprender a vivir mejor con menos;* cuidar el planeta, nuestra casa común; no sucumbir a las fascinaciones y reclamos de la sociedad de consumo. Eso es tanto como aprender a moderar nuestros deseos, comprender que *las formas de vida aceleradas e impactantes del Occidente próspero no son generalizables al resto del planeta.* Ser conscientes de nuestros privilegios y practicar una autocontención voluntaria para reducir nuestra huella ecológica y social sobre la Tierra. Cualquiera puede crear su propia forma de vivir relocalizándose.

Finalmente, es preciso tener en cuenta que somos habitantes de un lugar. Ese lugar es nuestro hábitat, el espacio en el que la luz ilumina cada vida, el ámbito en el que es posible hacer un arte de la realidad cotidiana. También una ocasión para comprender que la relocalización que necesita nuestra sociedad en muchos aspectos cruciales (alimentación, productos estratégicos, energía…) comienza de abajo arriba.

Nuestros nexos ecológicos y sociales se inician y establecen en este espacio de vida. En él tomamos opciones, descubrimos el sentido de la palabra «comunidad» y construimos nuestra identidad individual y colectiva. Ese lugar es el primer banco de pruebas de los valores y actitudes con los que encaramos la existencia.

Todo pequeño mundo es un holograma del gran mundo. Regresar a lo local no significa aislarse ni perder de vista las cuestiones globales. Hace tiempo que se acuñó una expresión para dar cuenta de esta compleja relación entre lo cercano y lo lejano: lo «glocal». Como ciudadanos «glocales» podemos vivir asentados firmemente en un territorio y participar en proyectos, ideas y prácticas de orden mundial.

Aprender a comprar productos de proximidad fortalece la autosuficiencia alimentaria y productiva de nuestro entorno. Fijarnos en el valor ecológico y social de las cosas y no sólo en el precio es otro criterio guía. Comprar «barato» es, generalmente, adquirir productos (ropa, calzado…) hechos con trabajo en condiciones indignas. Cabe esperar que aprendamos a comprar, a comer, a disfrutar de otra manera… Esto incluso afecta a lo que hacemos con nuestro dinero: si nuestros ahorros van al destino adecuado o engrosan fondos de inversión o de pensiones que trabajan con sectores de la economía no recomendables.

Estas y otras experiencias, no se quedan en lo anecdótico. Más bien tratan de replantear las relaciones de las personas con el mundo natural y con su propio proyecto personal de vida. Y es que esa «nueva normalidad» que perseguíamos al final de la pandemia tiene necesariamente que tomar forma mediante un cambio en nuestros modos de vida. Sería muy beneficioso para la humanidad que aprendiésemos al fin a *aceptar los límites del planeta,* también los de nuestras propias vidas. Y a ser sus moradores gozosos en el marco de la sencillez, *usando despacio y con prudencia los bienes de la tierra, desde la sobriedad y el valor de lo próximo.* Este cambio pasa por comprender que la verdadera calidad de vida se construye administrando bien el lugar y el tiempo que nos han tocado vivir. Que *lo cercano guarda una de las llaves de la felicidad.*

La movilidad permanente nos seduce, o tal vez nos persigue.
La atracción compulsiva por lo lejano está teniendo
un impacto ecológico y social de enormes consecuencias.

Relocalizarnos, centrar nuestras vidas en lo cercano,
supone no sólo volver a valorar lo próximo, sino también
regresar a la cordura. Esto no significa aislarse
ni perder de vista las cuestiones globales.

Cuidar del planeta, nuestra casa común, es cuidar
de la familia humana. Podemos aprender a vivir desde
la sencillez, una de las llaves del bienestar.

Capítulo 12

DISFRUTAR DE LAS COSAS LENTAS

Todas las desdichas del hombre provienen de
su incapacidad para sentarse tranquilamente
en una habitación a solas.

BLAISE PASCAL

Como hemos comentado en las reflexiones anteriores, vivimos en una sociedad que se caracteriza por el carácter rápido y fugaz de la mayoría de nuestras experiencias. Sólo unas pocas tienen lugar en contextos de sosiego, intercambio de historias y proyectos. Las más de las veces lo que ocurre pasa tan rápido que al rato ni siquiera podemos recordarlo. Podríamos decir que *lo que más abunda hoy en día es precisamente lo efímero.*

Este fenómeno está directamente relacionado con nuestros ritmos de vida. Todo va muy deprisa en el entorno. Nosotros también, como si fuésemos uno de esos personajes que no pueden salirse de la película y han de seguir el guion hasta el final. Lo negativo de esta situación es que *llevamos la prisa inyectada en vena, ya nos resulta muy difícil parar y bajar el ritmo, como personas y como sociedad.* Se cumple aquel viejo chiste que comparaba nuestras vidas con una carrera en bicicleta: si te paras, te caes.

Hace treinta años, la lectura de un libro se demoraba, pero también era largo el tiempo en que ese texto funcionaba como novedad, se comentaba, se compartía. Hoy las editoriales publican a tal velocidad que los libros más recientes convierten en antiguos a los presentados hace meses. Otro tanto ocurre con la ropa y las modas, con algunas películas y obras de teatro… Incluso los empleos han perdido su aura de permanencia y hoy los jóvenes saltan de un trabajo a otro en cuestión de poco tiempo, en un escenario basado en la movilidad y la rapidez de los cambios.

Todo se consume pronto. Bauman llamó a este fenómeno *la permanencia de la transitoriedad*. Vivir en un mundo de cambios acelerados no nos permite pararnos a reflexionar sobre la avalancha de información que recibimos a diario. Flotamos por encima de ella, la digerimos como quien se come una manzana, y a las pocas horas o días la sustituimos por otra nueva que la desbanca.

El ahora no es un tiempo de «estar», sino un tiempo que transcurre rápidamente. Como el dios Kairós, cuando queremos atraparlo ya se nos ha esfumado entre las manos. Y, sin embargo, es ahí, en el ahora, donde hemos de construir la calma y la paz interior que necesitamos cada día. Por eso es tan importante *no confundir la felicidad transitoria con el éxito ni la inmediatez con la permanencia*. Todo lo importante requiere tiempos lentos para consolidarse.

Este panorama merecería un análisis no sólo sociológico, sino antropológico, porque la razón última de estas sociedades de la prisa y lo efímero es que nosotros, los humanos que vivimos en grandes ciudades y sumamos varios miles de millones de personas, *hemos internalizado la prisa y lo efímero como criterios de normalidad,* vivimos sin rechazo hacia ellos. Tal vez se trate de una estrategia de adaptación…

Ni siquiera somos conscientes de los efectos que producen en nuestro propio organismo. Expertos en salud como Peter y Michaela Axt-Gadermann sostienen que la salud y la longevidad guardan relación con la velocidad de nuestros procesos vitales y el consiguiente consumo de energía. Y señalan como «ladrones de energía» el estrés, el frío y la falta de sueño entre otros.

Los animales de pequeño tamaño y metabolismo muy activo viven generalmente mucho menos que aquéllos lentos, como la tortuga, que no desperdician su energía vital. También la abeja reina, con su vida perezosa, vive cinco o más años que las obreras, muy diligentes, que gastan su energía en un plazo mucho más corto y mueren en meses.

Esta teoría es aplicable no sólo a los seres vivos, sino también a las máquinas. Los coches de carreras, esos bólidos que circulan a enormes velocidades, habitualmente son llevados por los conductores al límite de su rendimiento. Pero pagan el precio de su velocidad y se desgastan tanto que su vida es muy corta. En el extremo contrario, los vehículos que se alimentan con diésel son más lentos que los de gasolina, pero, a cambio, pueden circular muchos miles de kilómetros sin que se deterioren sus motores.

De modo que, si tenemos en cuenta esta regla, aunque sea por egoísmo deberíamos tratar de cultivar la serenidad y la calma en nuestras vidas. Virtudes que solemos relacionar con el plano espiritual, pero que, como vemos, también afectan a nuestras conductas a la hora de comer, de ir al gimnasio o incluso de organizarnos con el trabajo.

El caso del deporte es especialmente significativo. Los grandes deportistas de competición someten su cuerpo a sucesivos e intensos aceleramientos a la hora de enfrentarse a sus adversarios. Ese esfuerzo genera en su organismo una situación similar a la de una emergencia: se elevan las hormonas del estrés (cortisol, adrenalina y noradrenalina), sube la tensión, el pulso se dispara… Los resultados constatables son que este tipo de deportes no garantiza una larga vida, sino probablemente todo lo contrario.

De modo que aquí se cumple también el principio de aplicar sentido de la medida a todas nuestras actividades. Incluso aunque el gimnasio nos guste mucho, no se trata de «machacar el cuerpo» como afirman algunos adeptos, sino de *no caer en el exceso, la* hybris *de los griegos, la desmesura.* Fue precisamente en el contexto de la Grecia antigua en el que el soldado griego Filípides, tras la victoria sobre el ejército persa en el año 490 a. C. en Maratón, corrió los 40 kilómetros que la separaban de Atenas para comunicar la victoria y evitar que los atenienses, convencidos de que serían derrotados, quemasen la ciudad. Logró su propósito, pero sólo pudo pronunciar la frase «Hemos vencido» y cayó fulminado por la fatiga.

En nuestras sociedades, la velocidad se ha convertido en una pasión que arrastra a miles de deportistas. Eso no tendría nada de extraño. Que Usain Bolt o Marcell Jacobs sean premiados por ganar en los 100 metros en distintos Juegos Olímpicos forma parte de la cultura del juego competitivo que acompaña a los seres humanos desde siempre. Lo que resulta más llamativo es el modo en el que *hemos «contagiado» la velocidad como una marca de éxito a todo lo que hacemos:* trenes, coches, aviones… Pero también a los ritmos de trabajo, los desplazamientos... Incluso los estudios y la investigación, que son procesos lentos en sí mismos, se resienten de esta pasión y, en muchos casos, se exige a los investigadores que, para seguir contratados en sus puestos, rindan resultados en cortos períodos de tiempo. Todo está tocado por la velocidad, es difícil escapar a la seducción de lo rápido.

Sin embargo, el triunfo a ultranza de «lo más veloz» no sólo puede tener aspectos positivos, sino que genera muchos otros nada deseables. En España, por ejemplo, nos enamoramos de los trenes AVE de alta velocidad en el año 1992. Desde entonces, nuestro país ha desarrollado la mayor red de líneas de este tipo de Europa. Eso ha favorecido las comunicaciones, es un logro, pero ha sido a costa de abandonar las líneas comarcales y regionales que articulaban el territorio de una forma mucho más distribuida y favorecían los intercambios entre ciudades pequeñas y pueblos que hoy se han quedado sin ese servicio.

En la actualidad, los países miran con admiración al tren Shanghai Maglev, el más rápido del mundo, desarrollado por una empresa estatal china. Un tren bala que utiliza levitación magnética en lugar de ruedas convencionales. Este modelo recorre los 30 kilómetros que separan el aeropuerto Pudong de Shanghai y la estación de Longyang Road en sólo siete minutos y medio. ¡Deslumbrante! Los chinos ya planean ampliar este tipo de redes por todo el país. ¿Los copiamos?

En cuanto a los aviones, desaparecido ya el Concorde, el fabricante Bombardier ha presentado en Ginebra un nuevo avión de negocios, el Global 8000, en la actualidad en fase de desarrollo. Se prevé que, si entra en servicio en el año

2025, será el avión más rápido del mundo con una velocidad de más de 1 000 kilómetros a la hora.

En el lado contrario, encontramos experiencias como la de las ciudades lentas, un movimiento internacional nacido en Italia. Los italianos iniciaron este proceso en el año 1999 cuando algunas personas y pequeñas localidades vinculadas a Slow Food dieron un paso más para agruparse en la defensa de su patrimonio artístico, de su identidad y del propio paisaje urbano, defendiendo que *el principio de calidad de vida está ligado con la idea de lentitud.*

Ellos inventaron esta mezcla idiomática ítalo-inglesa que definen como *cittaslow.* Pasear por una de esas pequeñas urbes, degustar un almuerzo sin prisa, escuchar las campanas de la iglesia o sentarse en un bello banco de madera a tomar el sol son muchas de las cosas que se pueden hacer si se visita Orvieto, Bra, Positano, ciudades pioneras en este movimiento que hoy se extiende a muchos países.

La filosofía de estas ciudades va más allá de la idea de lentitud que las caracteriza. Tratan de hacer visible el *genius loci,* el espíritu del lugar, de manera que tanto la población local como los visitantes no sólo disfruten del patrimonio material y de los ritmos que se expresan en la vida diaria, sino también del rico patrimonio inmaterial que constituye su cultura, las tradiciones, el saber de sus gentes…

Hay una palabra italiana que las define: *benèssere.* Un bienestar de raíz profunda que se basa en la recuperación de tiempos y oportunidades para la vida personal y familiar, en la conciliación con los tiempos profesionales, la defensa del pequeño comercio, la lucha contra el ruido y la recuperación de espacios públicos para la bicicleta y los peatones.

Las reglas establecen que estas ciudades no deben sobrepasar los 50 000 habitantes. Y que se orienten no sólo a vivir el presente, sino *pensando en las futuras generaciones y haciéndolo a favor de todos y no de unos pocos.* Su organización gira en torno al concepto de calidad de vida, el mundo de las relaciones y una práctica sostenible de la gestión económica y social.

Hoy existe una Red Internacional de Ciudades Lentas que se extiende por múltiples países: Noruega, Inglaterra, Polonia, Portugal, Australia, Nueva Zelanda…, y entre ellos España. Para ser miembro de la red, una ciudad debe cumplir al menos el 50 % de los objetivos de autoevaluación. Entre ellos, contar con la participación de sus habitantes, regirse por la tolerancia, buscar la sostenibilidad, hacer una adecuada planificación urbana, crear solidaridades con otras urbes y territorios, rechazar las grandes superficies en favor del comercio local, favorecer los productos autóctonos…

También apuestan por la agricultura tradicional y la biodiversidad, los cultivos de cercanía, el control en el uso del agua y otros recursos escasos, la adaptación al cambio climático… El tema gastronómico es importante, con el cuidado de platos típicos basados en productos frescos de primera calidad que reflejen la tradición, los métodos artesanales, y las formas de cultivar y cocinar los alimentos específicos de cada lugar.

Los militantes de este movimiento mantienen un espíritu democrático que se expresa en la toma de decisiones colectiva, lo cual requiere lentitud, tiempo para deliberar y reflexionar. Una democracia participativa que sirve de argamasa al principio de derecho a la ciudad por parte de los ciudadanos, en la búsqueda de unas urbes amables, con espacios públicos acogedores que favorezcan los encuentros. Un aspecto fundamental que se incentiva es *el sentido de pertenencia* como una de las claves de la implicación de las personas y la convivencia.

El *Manifiesto de cittaslow* contiene un gran número de obligaciones y recomendaciones, entre ellas la revaloración del patrimonio histórico urbano; la reducción de los consumos de energía, agua y otros recursos; la promoción de tecnologías ecológicas; la priorización del transporte colectivo y otros no contaminantes; la multiplicación de las zonas peatonales; el desarrollo del comercio de proximidad... En general, todos ellos tendentes a instaurar nuevas pautas y estilos de vida en el marco de un desarrollo local sostenible ecológicamente y amable para las personas.

En España tenemos algunas de estas pequeñas ciudades lentas para nuestro disfrute. Darse un paseo por Lekeitio, Rubielos de Mora, Balmaseda, Morella... Disfrutar del arroz de Pals a la cazuela, del pescado de roca de Begur, las alubias de Munguía o la *putxera* de Balmaseda puede ser una forma de reconciliarnos con la vida lenta y convencernos de que aún estamos a tiempo de abrazarla.

Otra experiencia en la que Italia ha sido pionera es la de *los bancos de tiempo. Una forma de abordar el intercambio de tiempo y capacidades sin que medie el dinero.* Se diferencian del trueque tradicional en que los intercambios no se producen de persona a persona, sino de una manera en cierto modo difusa y diferida en el tiempo: no se le devuelve el servicio a quien nos lo ha prestado, sino que se acumulan horas en cada saldo personal que podrán ser utilizadas en el futuro para solicitar los servicios de un tercer socio en un tema distinto. Las prestaciones tampoco tienen que ser simultáneas (se dan cuando se puede y se reciben cuando se necesitan...).

Así, Antonia, la vecina del cuarto piso de un bloque de viviendas, recibe a un miembro del banco para que le arregle los grifos de la cocina que pierden agua. Semanas después, ella hará una traducción al inglés para un joven estudiante también miembro del banco que vive en un barrio cercano.

Los BdT constituyen así un sistema de intercambio de servicios no monetario en el que *el tiempo es la unidad de cambio.* Su regla de oro es conjugar la actividad útil con el placer y la solidaridad, es decir, hacer por entusiasmo y con buen humor lo que, de otro modo, alguien haría simplemente como un oficio remunerado.

Hablando en Roma con algunos de sus impulsores, pude escuchar frases como ésta: «Ya hemos conseguido la Europa de la moneda. Ahora tenemos que construir la Europa de la gente». Con ese espíritu y a través de los bancos de tiempo, tratan de *incentivar el sentido de vecindad y la restauración de los intercambios personales y comunitarios que* se están perdiendo en nuestras sociedades.

Italia tiene cientos de este tipo de organizaciones, incluso en algunas universidades. En España existe una red que coordina la asociación catalana Salud y Familia. El secreto que los mantiene vivos es que vuelven a *colocar a las personas (y no el dinero o el mercado) en el centro de las relaciones humanas y sociales,* contribuyen a crear tejido social y vínculos comunitarios e incentivan la sostenibilidad de forma creativa, al potenciar la autogestión de las personas y los colectivos.

Como vemos, la buena noticia es que, cuando miramos alrededor sin prisa, aparecen un montón de lugares, proyectos y situaciones atractivos que, precisamente por ser lentos, nos reconcilian con el arte, la conversación, la solidaridad, la contemplación… Esos lugares, esas ofertas culturales y naturales, pueden llenar una vida también de sorpresas. No siempre es necesario huir o correr para sorprenderse.

Hasta hace cincuenta años, las personas vivíamos sin la expectativa de hacerlo todo rápido. Y éramos felices. Aprendíamos el arte de observar, la virtud de compartir despacio recursos, la destreza de encontrar lo nuevo en medio de lo cotidiano. Y así vive, no lo olvidemos, gran parte de la humanidad, sin que podamos afirmar que son menos felices (o menos sabios) que los «triunfadores» de Occidente.

Las últimas décadas han sido las de lo grande, lo lejano y lo rápido. Construyamos un mundo a escala humana apostando por lo pequeño, lo cercano y lo lento. Y, muy probablemente, además de ser más lúcidos y responsables, seremos más felices.

Hemos internalizado la prisa y lo efímero como criterios
de normalidad. Los vivimos sin rechazo.
¿Acaso nos hemos adaptado?

Vivimos en un mundo de cambios acelerados que
nos condiciona. La calidad de vida supone acoplar nuestros
proyectos al ritmo de nuestro cuerpo y nuestra mente.

El siglo XX ha sido el de lo grande, lo lejano y lo rápido.
Construyamos un mundo a escala humana apostando
por lo pequeño, lo cercano y lo lento.

Capítulo 13

LA ESPERANZA QUE ALIENTA EL CAMINO

*Se llega a un punto en el que no hay más que
la esperanza y entonces descubrimos
que aún lo tenemos todo.*

José Saramago

Como hemos visto, vivimos en un mundo de enormes contrastes: zonas enriquecidas del planeta en las que los problemas son el despilfarro de comida, la obesidad, las prisas, el consumo desmedido. Y un Sur global (a veces incrustado en el propio Norte) que pelea con la escasez, el hambre y la ilusión de una vida mejor. Demasiadas diferencias entre los salarios y las posibilidades de vivir saludablemente de las personas. Gentes que, en uno y otro lado, luchan por dar un salto adelante en sus recursos, alejar los miedos, criar en paz a sus hijos... Estos contrastes muestran la complejidad del alma humana, esa capacidad que desplegamos de poder ser sensibles y duros al mismo tiempo.

Podríamos preguntarnos dónde nacen nuestros problemas, si en la colectividad o en los individuos. Lo que parece seguro es que un pueblo no puede vivir en armonía si sus gentes no son razonablemente felices. Perseguir esa armonía es, por tanto, tarea de toda la colectividad, no puede dejarse sólo en manos de las instituciones o los gobiernos. Y ahí comienza el reto para cada uno de nosotros: preguntarnos qué significa pertenecer a la especie humana habitando al ritmo apropiado nuestra casa común, la madre Tierra y nuestro cuerpo, que es parte intrínseca de la naturaleza.

Estamos gestionando el tiempo colectivo como si tuviésemos otro de repuesto en el banco. *Destruimos el planeta, pero no hay planeta B.* Y, a escala personal, olvidamos que algo tan necesario como el pan de cada día es la paz de cada día, una paz que se construye a base de convertir los conflictos en oportunidades, conciliando el diálogo interior con la conversación y el respeto hacia lo colectivo. Lamentablemente, es muy escaso y poco relevante el tiempo que dedicamos a ese cometido. Por no decir que es tacaño el tiempo que usamos en escuchar y hablar con la naturaleza y con nuestro yo interno.

Cada biografía, única e irrepetible, está atravesada por este desafío: *recuperar el ritmo de la naturaleza, que es la matriz de nuestras vidas, caminando paso a paso con ella.* Y reconocer que nuestro cuerpo exige también ese ritmo para estar bien. Construir comunidades serenas y solidarias allí donde nos encontremos, cultivando la empatía, la capacidad para el diálogo demorado, la experiencia de compartir… Atravesar las estaciones de lo humano en estos tiempos de incertidumbre es tarea difícil y apasionante. Para llevarla a cabo necesitamos hacerlo juntos con tiempo y sosiego.

Sí, estamos llamados manejar amablemente nuestras horas y nuestros días, algo que podría parecer una utopía en la sociedad de las prisas, que es la de la eficiencia, la competitividad, el sálvese quien pueda… Hay en nuestras calles y nuestros centros de trabajo demasiada aceleración, esa necesidad de estar siempre conectados, la carrera por un trabajo digno, a veces por la supervivencia y la búsqueda de un destino seguro. Miles de personas se dejan la vida haciendo trabajos peligrosos o extenuantes sin horarios. También tratando de huir del hambre y de las guerras. Otras buscan el triunfo de ser famosos o ganar mucho dinero… Es evidente que *la sociedad de las prisas es también la de los contrastes. El caso es que, en ella, resulta muy difícil dejar de correr.*

Aun así, cuando hablamos entre nosotros de un planeta sostenible, casi siempre aparece, de forma recurrente, la necesidad de ir más despacio en nuestra actividad destructiva, que corre como una máquina imparable. A escala personal, echamos de menos el disfrute de momentos entrañables y lentos… Vistos de cerca, todos añoramos estar con las personas queridas, cultivar nuestra vocación o nuestras aficiones. Pero hemos olvidado que nuestras vidas son parte del entramado de la vida natural, que pertenecemos a la Tierra y la estamos devorando con nuestros impactos, cada vez más rápidos, como si la consigna «deprisa, deprisa» se hubiese instalado en nuestras sociedades.

Nuestra experiencia se compone de luces y de sombras. Desde ahí, situados en medio de una gran crisis ambiental, hemos de salir adelante individual y colectivamente. Como personas, salvando la esperanza, la alegría, la capacidad de imaginar e innovar, la creatividad… Como colectividad, aprendiendo a valorar y cuidar la naturaleza, a convivir desde el respeto a lo diferente, a tomar conciencia de nuestra fragilidad y dependencia. También de nuestros errores, para poder corregirlos.

Éste es el mundo real y no cabe meter la cabeza bajo la almohada queriendo ignorarlo. La situación es conflictiva, pero plantea un reto ilusionante: salir juntos de este atolladero haciendo cambios profundos en nuestras formas de vida. El primero, echar el freno y poner una marcha corta para ir despacio, mucho más despacio, en nuestra relación con el entorno y en nuestra vida personal.

La tarea no es sencilla, requiere audacia para imaginar otras formas de organizarnos posibles. Exige que nos hagamos responsables de la vida, de la nuestra, de la colectiva, y del útero sustentador de ambas que es la naturaleza. El reto es ilusionante: aprender a vivir de otra forma más lenta, más sobria, pone en marcha nuestra imaginación. Nos toca ser creativos y mirar más allá de las noticias sombrías que nos llegan. Sin olvidar su llamada de atención, *tenemos que estar atentos a las buenas noticias que también existen (aunque se divulgan mucho menos):* las familias que se reinventan yéndose a vivir de otro modo a las zonas rurales; las que abren sus casas para acoger a refugiados con amor; la existencia de una sanidad y una educación públicas de calidad que nos atienden; las experiencias innovadoras que crecen aquí y allá como antorchas que iluminan el camino.

Estas y otras evidencias nos dicen que, si nos lo proponemos, podremos ser sujetos de una experiencia innovadora de gran alcance. *Estamos asistiendo al comienzo de un cambio muy estimulante.* Un cambio que puede hacernos más felices, menos secuestrados por las prisas y, a la vez, más altruistas y respetuosos con las fuentes de la vida. El ciclo de la destrucción y el crecimiento indefinido podría estar tocando a su fin. Podemos ser testigos y sujetos de un nuevo ciclo basado en la obtención de otras formas de energía, en un urbanismo y unos trabajos a escala humana, en el disfrute de otras formas de comer, de relocalizarnos, de compartir recursos.

En ese salto hacia delante está siendo fundamental el despertar de la conciencia ecológica y social en las jóvenes generaciones. Desde que Greta Thunberg comenzó a situarse ante el ayuntamiento reclamando cambios hasta hoy, han crecido y madurado muchos seguidores del movimiento Fridays for Future y se han creado nuevas iniciativas y experiencias que apuntan a otras formas de vida más sostenibles ecológica y socialmente. Una gran parte de los jóvenes, también algunos adolescentes, usan la bicicleta como único medio de transporte, comen de forma diferente, defienden la vida animal y ya no aspiran a hacerse ricos, sino a tener unas vidas gratificantes.

Al mismo tiempo, los gobiernos de los países, con desigual respuesta, están haciéndose eco de los cambios en el modelo energético y ecológico. No puede decirse que globalmente lo estén haciendo bien, pero hay asuntos que están correctamente encaminados. Somos una humanidad que, históricamente, ha sido capaz de reconducir situaciones complicadas. Ahora se impone cambiar y podemos hacerlo, gobiernos y ciudadanía juntos.

Empeñados en este objetivo, conviene recordar y reconocer lo esencial: *somos miembros de la familia humana y vivimos en un espacio común y limitado que es el planeta.* Nuestro destino personal está absolutamente ligado al colectivo. No es cuestión de llenar los carros de la compra y poner hasta arriba la despensa de nuestra casa, ni de estar moviéndonos de aquí a allá a cada momento. Tampoco lo es someterse a la sociedad de las prisas… La alternativa consiste en retomar la cordura y aprender a vivir moderando nuestros ritmos de vida, pensando en algo incontestable: *la Tierra es un sistema finito (por tanto, también lo son sus recursos, agua, alimentos, materiales…).*

Ante esta evidencia, nos quedan algunas actitudes que, voluntariamente o bien obligados por las circunstancias, hemos de asumir: la primera es *diferenciar crecimiento y desarrollo.* El crecimiento, marcado por indicadores cuantitativos como el PIB (producto interior bruto) se refiere al *nivel de vida.* El desarrollo, centrado en indicadores cualitativos (tiempo, salud física y mental, un trabajo saludable…) habla de nuestra *calidad de vida.* De modo que una persona o una colectividad pueden tener muy alto nivel de vida (disponer de dinero y de muchos bienes) y, sin embargo, una lamentable calidad de vida. Por no hablar de los grupos sociales y los países en los que no es bueno ni lo uno ni lo otro, fruto de la enorme desigualdad existente en las zonas «ricas» y el gran Sur del planeta.

Con este escenario de luces y sombras, *mantener la esperanza es fundamental:* las estaciones del año nos saludan: la primavera se anuncia con la caricia del sol, el invierno con las nieves… Recibimos esos regalos gratuitos sin ser conscientes de que están amenazados y necesitan ser defendidos. También sin comprender que nuestras vidas dependen de ellos, de su equilibrio dinámico. Ése es el desafío que plantea nuestro tiempo: escuchar lentamente a una naturaleza dadivosa, cuidarla y defenderla. Una tarea ilusionante que nos ha de permitir innovar no sólo hacia fuera, sino también modificando nuestras formas de vida. La única condición que se nos pide es parar. *Parar por un momento y concedernos un tiempo de reflexión para ver dónde estamos, quiénes somos y adónde queremos ir como individuos y como sociedad.*

Ahora toca sacar nuestra parte más ilusionante y creativa, también la más humilde y generosa, para abordar la apasionante aventura de mitigar la emergencia climática, reforestar el planeta, salvar la biodiversidad, limpiar los mares y los ríos, los suelos y el aire que respiramos. Y, al mismo tiempo, respetar la diversidad en nuestro entorno, limpiar nuestros ríos interiores, sanear las ideas que respiramos… Podemos hacerlo, tenemos las herramientas y ya hemos comenzado a caminar. Estos procesos no son fáciles, requieren tiempo y sosiego y, paradójicamente, hemos de realizarlos en un plazo corto y desde contextos de gran inseguridad. Un reto que hemos de abordar creativamente, buscando soluciones nuevas, reorganizando los valores y pautas de vida que nos han conducido al problema. Y contribuyendo a *construir una nueva cultura del tiempo.*

Sí, una nueva cultura que genere «una nueva normalidad». Dejar de considerar «normal» un ritmo y unos comportamientos individuales y colectivos que producen ansiedad, estrés y destrucción del entorno. Se trata de conseguir un adecuado equilibrio, siempre dinámico e inestable, como la vida misma. Un equilibrio en el que la gestión de los tiempos es fundamental: *saber cuándo hay que apresurarse y cuándo es preciso dejar de correr.* No vaya a ser que, cuando queramos parar, sea demasiado tarde.

Afirmaba Gandhi, «Sé el cambio que quieres para el mundo». Ése es nuestro desafío individual y colectivo. Lo único que se nos pide es prudencia, sentido de la medida, reconocimiento de la finitud de la Tierra, de sus límites. Los gobiernos y el mundo empresarial tendrán que colaborar en los cambios del modelo energético y la redistribución de la riqueza. ¿Y nosotros? ¿Qué puede hacer cada ser humano a título individual y en su comunidad?

Lo primero es *saber de qué lado estamos:* si del de seguir impactando y contaminando sin control o en la parte que practica la responsabilidad y autocontención voluntaria a la hora de reducir su huella ecológica. Lo siguiente es, día a día, *pisar ligero y lento sobre la tierra.* Y reconciliarnos con la naturaleza, aceptar hondamente que somos parte de ella y no sus dominadores. También sentir como nuestra la parte sufriente de la humanidad, en la búsqueda de un mundo más equitativo ecológica y socialmente.

Dar un paso en esa dirección no ha de ser un sacrificio, sino algo positivo: nos coloca en el lado luminoso de la humanidad, nos reconcilia con la familia humana al cuidar el planeta, nuestro hogar, y cuidar de quienes nos acompañan en la aventura de la vida. Proteger nuestro entorno y atender nuestra calidad de vida es una tarea gratificante, incrementa la vitalidad, diversidad y belleza que nos rodean y construyen. Significa *reconocer la interdependencia de todos los seres humanos entre nosotros y con la naturaleza.* También preservar con mesura los bienes naturales para las generaciones presentes más jóvenes y las futuras. Y, en lo personal, supone traer a nuestras vidas el cuidado y el respeto por sus ciclos y condiciones.

Somos parte de una historia, la de un destino común, que está por reinventar. Eso requiere un cambio de mentalidad, supone *reavivar la esperanza,* que no es un optimismo simplificador, sino un ejercicio de lucidez y coraje para apostar por un presente viable en el plano ecológico y equitativo en su dimensión social. También redescubrir nuestra potencialidad como humanos y la necesidad de cuidarla y protegerla.

Somos seres de esperanza, somos creativos, tenemos capacidad para imaginar otro mundo distinto y lanzarnos a innovar y cambiar. Podemos hacerlo, de hecho, ya hemos comenzado en algunos proyectos. Pero el cambio que se necesita es mucho más amplio. No consiste en llenar el planeta de paneles solares o aerogeneradores, sino en *aprender y practicar otra forma de vivir,* consumiendo a un ritmo mucho más lento la energía, los alimentos... En el Norte rico, claro. Al mismo tiempo, liberar recursos para que el Sur global pueda salir adelante.

Se habla mucho de «un cambio de paradigma». Pero no todos los que manejan ese término conocen su verdadero significado. *En ciencia, cuando cambia un paradigma, lo que cambia no son las respuestas, lo que cambia son las preguntas.* Estamos produciendo respuestas que no salen del modelo económico y productivo que nos ha traído a esta crisis global... Nos matamos por conseguir fuentes de energía (respuestas) para seguir viviendo como hasta ahora. Pero no tenemos la valentía de hacernos la pregunta de si, como sociedades, podemos reducir nuestro consumo energético y asumir otras formas de vida.

Y, como siempre, «sostenible», esa palabra tan desgastada, significa reducir, ralentizar, nuestra presión sobre los ecosistemas. Atenernos a los límites del planeta a la hora de explotar sus recursos y consumirlos o contaminar. Esta cuestión de los límites está estrechamente unida a la cordura de dejar de imponer unos ritmos frenéticos a nuestra actividad.

No estamos solos, nuestro destino no está definido. Depende de nuestra responsabilidad y de la capacidad de imaginar otros mundos posibles. *Estamos asistiendo al comienzo de cambios que serán decisivos para el devenir de la humanidad.* Cambios que pueden hacernos más lúcidos y respetuosos con las fuentes de la vida y con nuestras propias vidas. Nos ha tocado la tarea gratificante de construir transformaciones colectivas y personales. En ella, todo comienza con un primer paso. A ése le seguirán otros para armonizar nuestras capacidades con el objetivo común de construir experiencias y modos de vida acordes con los límites del planeta. *En esta trayectoria, el tiempo es un elemento fundamental.* De cómo lo manejemos, individual y colectivamente, dependerá el éxito o fracaso de nuestra especie.

No esperemos a tener más sed para cavar el pozo. Está ante nosotros un triple reto ilusionante: *trabajar en las fronteras de lo posible, soñar lo imposible y confiar en lo improbable.*

La sociedad de las prisas es también la de los contrastes. Somos destructivos y a la vez creativos. Tenemos capacidad para imaginar e innovar.

Asistimos al comienzo de una transformación muy estimulante. El ciclo de la destrucción está tocando a su fin. El cambio es inaplazable: pisar ligero y lento sobre la tierra.

Mantener la esperanza resulta fundamental. Trabajar en las fronteras de lo posible, soñar lo imposible y confiar en lo improbable.

Epílogo

LENTITUD Y BELLEZA

Caminar más lentamente en la vida, con el tiempo apropiado en cada paso, significa practicar a diario *el arte de ver no sólo lo visible, sino también lo invisible.* Pero podemos preguntarnos: ¿qué es lo invisible? La respuesta aparece de la mano de la calma: es todo aquello que está oculto u ocultado por los intereses económicos, el mercado, las leyes de usar y tirar, la aceleración… Lo invisible es ese lazo cíclico que nos une a los otros y a la naturaleza, que revolotea y oscila sobre nuestras cabezas para que, al tomar decisiones, nos comuniquemos desde el corazón, manejemos los sentimientos y las emociones con mesura. Lo invisible son los valores que rigen nuestras vidas, es todo el arte que nos rodea en la cotidianeidad, el interrogante en unos ojos ajenos, la sonrisa interior de quien ha aprendido a amar sin hacer ruido…

Decían los alquimistas que *tu alma está en tu paciencia.* Siddharta, cuando un posible empleador le pregunta qué sabe hacer, responde: *sé esperar.* Y el *Tao Te Ching* nos recuerda bellamente que *ver lo pequeño es clarividencia; conservarse débil es fortaleza...* Necesitamos cultivar estos valores para ver lo invisible, primera condición hacia el disfrute profundo de la belleza. Necesitamos encontrar lo bello, descubrirlo en cada rincón, en cada paso. Para lo cual es necesario caminar despacio, detenerse a mirar y ver, a escuchar... Incluso es dejar de lado todas esas adherencias propias de la sociedad de las prisas que tanto tiempo y esfuerzo nos roban. El equilibrio consiste en ser como un junco que se dobla con el viento y no se rompe, atento a la tempestad pero flexible.

La belleza se esconde en muchas ocasiones en el no hacer. En medio de una cultura en la que siempre hay que estar produciendo, comprando o vendiendo, el *dolce far niente,* practicado en su justa medida, nos permite reconectar con el estado de inocencia que teníamos de niños, cuando el juego no tenía otro motivo que el placer en sí mismo. Ya sabemos que la vida consiste en algo más que jugar y que, de adultos, hemos de asumir un montón de obligaciones. Sin embargo y pese a ello, no parece aconsejable olvidar que, además de «*faber*» somos también seres «*ludens*», libres y lúdicos. Es hermoso regalarse por momentos el olvido de las obligaciones, dar ocasión a que nos visiten los sueños y se aposenten en nuestro interior.

También está *la cuestión de la cortesía, asociada a la belleza de la lentitud.* Porque tanto en nuestros ambientes familiares, como entre los amigos más íntimos, frecuentemente la prisa nos impide ser corteses, hace que nos olvidemos de «pedir permiso y llamar a la puerta antes de entrar». Sin embargo, la cortesía (que necesita tiempo y calma) tiene un gran efecto multiplicador: acaba por envolver a los comportamientos de los demás y nos hace más agradable la vida a unas y otras personas; nos regala ritmos pausados, pautas sanadoras para el bienestar.

Estos aspectos son importantes porque los pequeños rituales del afecto y el respeto que llenan de gozo la vida de las personas van siendo sustituidos por las señales rápidas, los mensajes abreviados del teléfono móvil y las notitas pegadas en la nevera que indican dónde están los espaguetis para la cena. Sin darnos cuenta, vamos despersonalizando nuestras relaciones y ellas van perdiendo belleza, se van quedando marchitas; otras veces son tan frías y automáticas como una felicitación de cumpleaños que se envía por wasap...

Otro tanto ocurre en el tratamiento que damos a la naturaleza. Olvidamos que es la matriz de nuestras vidas, que pertenecemos a ella. La enorme destrucción que nuestra especie ha causado en los ecosistemas durante las últimas décadas sólo es comparable a una gran devastación del horizonte, en la cual los primeros derrotados somos nosotros. Hubo en nuestros actos demasiada aceleración, una obscena prisa por alimentar la codicia de algunos. ¿Y la belleza? Ésta quedó relegada al mundo del arte, como un relicto misterioso. Pero los artistas se niegan a jugar ese papel y escriben, pintan, hacen música en torno a esta desolación en la que la relación sociedad-naturaleza se desdibuja como una mancha de tinta caída sobre la luz.

Por eso, cuando iniciamos un giro en sentido contrario y comenzamos a concederle tiempo a lo verdaderamente importante, a todo lo que significa querer y ser querido, cuidar de nuestra casa común y de la familia humana, nuestra vida se va llenando de belleza, recuperamos el don de la palabra pronunciada y escuchada, el placer de una mirada que acaricia, la calma de saber que estamos en el lugar en el que queremos estar.

Entonces la alegría, recién llegada, no saluda preguntándonos cuál es la hora, el minuto, que vamos a dedicar ese día a cuidar de la vida y de nuestra propia vida. Es la música, que llega para incitarnos a escuchar, a oírla tan profundamente que nosotros seamos esa música. Es la comunicación, que nos impregna cuando dejamos que las cosas sucedan con sus pausas, cuando somos más vasija que alfarero, más espacio abierto que reja, más corazón que idea fría. En suma, cuando, como nos enseñó el gran Hölderlin, *allí donde crece el peligro, crece lo que salva*. Ahí, con el ritmo apropiado, nos salvan la lentitud y la belleza.

AGRADECIMIENTOS

Quiero expresar mi agradecimiento hacia quienes leyeron el manuscrito original de esta obra y me ofrecieron sus sugerencias, con las cuales, sin duda, ha mejorado mucho:

Gracias a mi hijo Guillermo, que me ha regalado generosamente su tiempo unido al calor de la ternura.

Igualmente gracias a mi hermana Yolanda, cuyos consejos y revisión del texto lo hacen más preciso y completo.

Agradezco a mi amigo Carlos Montes que esté siempre ahí. Sus acertadas sugerencias y su apoyo han sido muy gratificantes.

Mi agradecimiento sincero a dos mujeres especiales, Maru de Montserrat, mi Agente, y Anna Mañas, editora, por su estímulo y paciencia en el proceso de gestación de este libro.

Finalmente, *last but not least,* gracias a mi amiga Carmen Menéndez, magnífica lectora, que me ha impulsado en todo el proceso de escritura de esta obra.

El altruismo, la complicidad y el tiempo que ellos han dedicado a esta lectura son un estímulo para seguir escribiendo.

ÍNDICE

Hacia una nueva cultura del tiempo 7

Primera parte: Vivir despacio, vivir mejor 11
Capítulo 1. Entre lo urgente y lo importante 13
Capítulo 2. Saborear el momento oportuno 23
Capítulo 3. Regalarnos tiempo entre nosotros:
        la ternura 33
Capítulo 4. Cuidar sin prisa y con paciencia 45
Capítulo 5. Desconectar: la velocidad crea el olvido . . . 57
Capítulo 6. Cultivar la quietud interior 69
Capítulo 7. El éxito y el insomnio colectivo 81

Segunda parte: La sociedad de las prisas 91
Capítulo 8. Contribuir al cambio necesario 93
Capítulo 9. Replantear la vida en las ciudades 105
Capítulo 10. Apostar por lo pequeño 117
Capítulo 11. Descubrir el valor de lo cercano 129
Capítulo 12. Disfrutar de las cosas lentas 141
Capítulo 13. La esperanza que alienta el camino 153

Epílogo. Lentitud y belleza 165
Agradecimientos 169